シリーズ◆荒れる青少年の心
無力感の心理

無気力な青少年の心

発達臨床心理学的考察

大芦 治・鎌原雅彦 編著

北大路書房

はじめに

　若者の間でやる気のなさ，無気力が蔓延しているといわれてからずいぶん久しくなる。したがって，青少年の心の荒れについて取り上げた本シリーズでもこの話題は避けて通るわけにはいかず，当然のことながら一巻を編集することとなった。

　ただ，無気力についてはこれまでも様々なところで語り尽くされている。そこで今回，本書を編集するに際し，今さら屋上屋を架すような形で本書を編集することになるのではないかという懸念から，過去に出版された書物のなかで無気力と題されたものを一通り見てみた。意外なことに，これだけ巷間に無気力という言葉が溢れながら，無気力と題された書物は予想していたほど多くはない。とくに心理学の立場にたち，基礎研究から応用，臨床研究までを1つの視野に入れながら無気力を論じた書物は実際のところほとんど見あたらなかった。

　さて，そのような現状を踏まえ本書は編集された。

　全体は3つの章からなっている。

　第1章は第1節で無気力の研究の各領域について大まかに述べたあと，無気力の基礎研究を動機づけ心理学，社会心理学，生理心理学というそれぞれ異なる視座からできるだけ初学者にもわかりやすく概観してみた。内容は必ずしも青少年の問題に限定される訳ではないが，本シリーズの立脚する発達臨床心理的な立場がこれらの心理学の各領域の基礎研究に大きく負っていることも考えれば，是非とも一通り目を通していただきたいと思う。次の2つの章では，一転して現在の我が国の青少年の実情に即応してこの問題に迫ろうという意図から各章を中学生，高校生，大学生というそれぞれの年代別の節に分けて論じた。第2章は，現実の社会における無気力の実態について，そして，第3章では，その臨床的対応について事例や模擬事例なども織り交ぜながらそれぞれの立場から検討してもらった。

　また，以上の本文に加え，各節の末に心理学の他の領域あるいは教育，臨床の第一線で活躍する諸氏からコラムを寄せてもらい，無気力というテーマの裾野の広さの一端を垣間見てもらうようにも配慮した。

はじめに

　このような本書の編集意図がどれほど成功したか編者としては甚だ心許ないが，その責はすべて編者にある。本書の趣旨を理解された読者から忌憚のないご意見，ご批判をいただければと考えている。

　なお，本書は当初，2名の編者のほか宮下一博氏も加わり3名の編集で刊行される予定であったが，都合により最終的には大芦・鎌原の編集という形になった。しかし，本書の企画・立案の段階では宮下氏からも多大なご尽力をいただいており，本書は実質的には3人の編集といってよいものであることを申し添えておく。

　最後になるが，ご多忙の中，本書の執筆を快諾され原稿を寄せてくださった執筆者諸氏にお礼を申し上げる。また，当初の予定を大幅に遅れながらそれでもなかなか仕事の進まない編者を忍耐強く支えてくださった北大路書房の薄木敏之氏にこの場を借りて感謝の気持ちを表したい。

2005年8月

編者　大芦　治・鎌原雅彦

目次

はじめに

第1章 無気力の定義とその理論　　1

第1節　無気力の心理学の視点　　2
1　無気力の心理　　2

第2節　無気力とは―動機づけの心理学から―　　16
1　コントロール感と無気力　　16
2　コントロール感を維持するための無気力　　19
3　自己効力と無気力　　21
4　自己決定感と無気力　　23
5　目標と無気力　　25

第3節　無気力とは―臨床社会心理学から―　　31
1　臨床社会心理学的視点　　31
2　改訂LH理論と絶望感理論　　32
3　自己注目理論　　39
4　まとめ　　42

第4節　無気力とは―生理心理学から―　　44
1　はじめに　　44
2　やる気を生む脳のメカニズム　　44
3　無気力を生む脳のメカニズム　　50
4　思春期の脳と無気力　　53
5　まとめ　　56

第2章 青少年の無気力の実態　　59

第1節　中学生の無気力　　60
1　中学生の無気力感とその関連要因　　61
2　無気力と不登校との関連　　63
3　中学生の無気力を考える際の留意点　　67

第2節　高校生の無気力　　72

iii

1　蔓延する青年期の無気力　72
  2　無気力な高校生はどこに見受けられるか　73
  3　現代のフリーターにみる高校生の無気力　74
  4　フリーター志向の背景にある諸要因　77
  5　現代高校生における無気力に関する心理学的な考察　78
 第3節　大学生の無気力 ……………………………………………… 87
  1　大学生と無気力　87
  2　無気力の諸相－不適応・不登校の様相から－　89
  3　スチューデント・アパシー　92
  4　社会とのつながりを考える－フリーター，ニート，ひきこもり－　96

第3章　青少年の無気力への対応　101

第1節　中学生の無気力への対応 ……………………………………… 102
  1　無気力な中学生へのかかわり　102
  2　中学生の無気力への対応の際の留意点　109
第2節　高校生の無気力への対応 ……………………………………… 114
  1　高校生についての発達心理的な理解　114
  2　打開へのキーワード　121
第3節　大学生の無気力への対応 ……………………………………… 127
  1　「五月病」への対応から－無気力の一形態として－　127
  2　無気力状態を示す低年次生への対応・援助　129
  3　無気力状態を示す高年次生・大学院生への対応・援助　134
  4　カウンセリングの際の留意点－まとめに代えて－　136

付章　青少年の無気力を理解するための 文献・資料集　139

 引用文献　142
 人名索引　154
 事項索引　156

Contents

コラム

①無気力と自己愛　15
②ソーシャル・サポートと無気力　29
③無気力の測定　30
④無気力の文化差　43
⑤無気力とウェルビーイング　58
⑥スクールカウンセラーの立場からみた無気力　71
⑦高校中途退学と無気力　84
⑧非行少年は無気力か　85
⑨学生相談で出会う無気力　99
⑩青年における無気力と恋愛－恋愛による無気力，恋愛に対する無気力－　113
⑪無気力とアイデンティティ　126
⑫無気力と職業選択－進路決定－　138

第1章
無気力の定義とその理論

第1節 無気力の心理学の視点

1 無気力の心理

 ── 無気力とは

　無気力という言葉は，広く用いられているが，発達臨床心理学における学術用語ではない。ただ，一般的には，広義の意欲のなさややる気のなさとかかわる心理学的現象をすべてまとめて無気力といっていることが多いと思われる。おそらく，青年のアパシー，児童，生徒の不登校，ひきこもり，そして，うつ病の一部などがその主なものということになる。症状もかならずしも一定の決まったものが列挙できるわけでもない。憂うつ，悲哀感などが目立つ場合もあれば，集中力がない場合，あるいは，ただ，億劫な感じだけが強い場合もある。いわゆるスチューデント・アパシー（第2章第3節参照）の大学生のように，特に悩んだりしているようすもないが何かに取り組もうとするとなんとなくできないというようなものもある。さらに，1980年ころから若者の特徴として三無主義（無気力，無関心，無責任）という言い方がなされるようになり，その言葉が今日でも使いつづけられていることからもわかるように，無気力という用語は，精神疾患に関する横断的な概念としてではなく，現代社会において特に本書が対象とする青少年全体の精神面を語るときのキーワードとして用いられることも多いように思う。

　試しに『広辞苑（第5版）』で無気力を引いてみると「気力のないこと。積極的にものごとをしようとする意欲に欠けること。「―な学生」「―に日を過ご

す」」となっている。例文に「無気力な学生」というものがあがっているのは本書で取り上げようとしているような青少年の無気力というものが典型的な用例として取り上げられるほど広く知られていることを物語っていておもしろいが，とにかく，無気力とは「気力のないこと」らしい。そこで，気力を引いてみると「活動に耐える精神力，気根，または，元気，精力。「—充実」「—がみなぎる」」となっている。この広辞苑の気力の定義は，心理学的に何とも曖昧で，気根と元気と精力とがどのような関係にあるかよくわからないが，それは不問として，とにかく，最初に出ている精神力というのが気力の基本的な概念であるように思われる。つまり，精神力であって物理的なエネルギーと違うと言うことであろう。本書の最初から人間を機械にたとえるのはいささか気が引けるが，もし，人間の肉体が機械のようなものだとすると，その肉体を動かすための燃料に相当する栄養や水が変換されてできる物理的なエネルギーとは違うということである。そういう，物理的に還元できない精神的な何かがあるとするとその何かが失われている状態が無気力なのだという。

　この定義が，本シリーズの立脚する発達臨床心理学の立場からみて無気力の定義として正しいかどうかは何ともいえないが，とにかく以下，無気力を考える上での手がかりにしてみる。

　さて，もう1つ，本書のサブタイトルである「無力感」というのがある。これについても，いちおう，「広辞苑」で引いてみよう。すると無力感とは「自分の力のなさを意識しての失望感。「—におそわれる」」とある。ここでは，力は力であって物理的なものでも精神的なものでもよいようである。ただし，その力のなさを「意識」しての失望，つまり，落胆する必要があるようだ。だから，結局のところ，物理的，精神的な力のなさを自覚した結果，気力を失うことが無力感ということになる。ただ，ここでちょっとおもしろいのは，力のなさを意識，自覚するという点があげられているということだ。これが何を意味するかはわからないが，「無気力」という定義になかったことであり，少し気に留めておいてもよいであろう。

2 ── 無気力の研究の端緒を開いた2つの著書

　はじめに述べたように無気力や無力感という概念は，必ずしも，学術用語で

はないのだが，学術的な立場からこの概念に取り組もうという試みはけっして今に始まったものではない。かなり以前から，さまざまな専門的な立場から，この問題について考えられてきた。そのなかで，以下の2つの著書は，教育心理学，および，教育社会学というそれぞれの立場から無気力について論じたもので，無気力の研究の端緒を開いたものとして目を通してみる意味は今日でもなくなっていないと思う。以下，それを紹介したい。

(a) 『無気力の心理学―やりがいの条件』にみる無気力

2人の教育心理学者によって書かれたこの著書（波多野・稲垣, 1981）は「無気力」に関して専門的な立場から議論されたおそらく最初のものである。1981年の発刊から20年以上が経過しているが今日でも広く読み継がれており，無気力について議論するとき，避けて通れないものである。

著者らが，冒頭で取り上げているのはセリグマン（Seligman, M.E.P.）の学習性無力感（learned helplessness: 本書の第1章第2節および第3節参照）についてである。コントロール不能な状況にくり返しおかれることが，動機づけの低下を招くことが動物によって実験的にも証明されること，そして，それが人にもあてはまること，また，幼少期からの長期にわたってそのような環境にさらされることが，のちの動機づけの発達に好ましくない影響を与えることなどが議論されている。

それに続いて，今度は，デシ（Deci, E.L.）やレッパー（Lepper, M.R.）などによる内発的動機づけ（intrinsic motivation; 本書の第1章第2節参照）に関する研究が紹介されている。自分のやった結果に対し報酬が与えられることが，必ずしも，動機づけにとってプラスになるどころか場合によってはマイナスの効果さえ与えることがあるという話が驚きをもって語られている。そして，その原因が自律性の感覚の剥奪にあることが指摘され，自律性の感覚を支えるものとして効力感について語られている。特に，学習における効力感の背景に熟達化があることを指摘していることは，特筆されてよいであろう。

さて，さらに，著者らはそのような無気力の要因とし考え得る効力感の欠如にやはり社会的な背景が大きく関連していることを論じている。

著者らによれば，今日の社会は「生産第一の管理社会」であり，「生産高を高めることが，結局，みんなの幸福につながる，と何となく仮定されてしま

っている」。そのため人がそれぞれ異なる多様な分野で熟達を成し遂げ，効力感を得ることが無気力になることを防ぐのに「生産性を高めるのに役立たない分野は，どんどん切り捨てられて」いっている。その結果，豊かで何でも好きなようにできるような自由な社会にありながら無気力が問題になっているという。

最後に，著者らは無気力にも文化差があり，努力することを特に大切にするわが国の無気力の特徴を論じている。

この著書は，無気力に関する基本的な問題を巧みに整理しており，そこに提示された問題は20年以上経った今日でも新鮮さを失っていない。

(b)『無気力化する子どもたち』にみる無気力

1990年に教育社会学者によって著されたこの書（深谷, 1991）は，主に生徒や児童についての社会調査の結果をもとに，わが国の青少年の特徴を無気力をキーワードにして描き出している。

日本，韓国，台湾，アメリカなどの児童を対象に将来つきたい職業を選ばせると「会社の社長」「大学教授」「医者」「タレント」などといったものを選択する割合がわが国の児童では低くなることや，自分の成績に対する自己評価で「自信がある」と回答した児童の割合がわが国では16％で台湾や韓国の20～30％，アメリカの74％と比べてかなり低いこと，また，中学生を対象とした将来見通しの調査では「幸せな家庭生活を送れる」とした割合がもっとも高く，「有名になれる」「社会的に尊敬される」といった項目を選ぶことが少ない，などといったことから，子どもの無気力化が進行していることが紹介されている。一方で，空腹を感じて飢えていることはほとんどなく自分専用の勉強机をもっている児童が94％など物質的な豊かさについての報告もあり，豊かさのなかで「自発性に乏しい子どもが誕生」していると結論づけている。

そして，このような傾向が，先進諸国のなかでも特にわが国で目立つ理由として，欧米ではキリスト教による原罪思想の影響で子どもはある種の制約の中で育てられるため物質的な豊かさなどを直接的に享受することが少ないが，わが国では子どもを甘やかす伝統があるからであるとしている。

以上の現在となっては古典的とさえいえる2つの著作では無気力というもの

を，豊かな社会である程度満たされた生活を送る中で自発性を失った青少年が見せる特徴的な現象として描いていることがわかる。このことは，先ほど述べた，無気力の定義，つまり，物理的ではない，精神的な気力の低下というものを裏付けている。つまり，無気力というものがある種の意欲低下を示すとしても，それは物質的に窮乏し，いわば，基本的な生活を送るための燃料としての物理的エネルギーを欠いた状態とは異なる，心理的な世界でのできごととして理解できると言うことだ。つぎに，これについてもう少し考えてみる。

3 ── 自発性の喪失としての無気力

さて，では，その心理的な世界でのできごととはどのようなものであろうか。さきほど，無気力を語る上で今や古典となった2つの著作が無気力の特徴としてともに述べていることとして自発性（あるいは自律性。以下自発性に統一する）の喪失というものがある。この自発性の喪失という概念は，無気力という現象を考える上で重要なものになると思われる。

よく知られた古典的な心理学の実験に探索動機の実験というものがある。ニッセン（Nissen, 1930）は，ネズミを対象として図1-1のような実験装置を用いた実験を行なった。まず，左端のAという部分におかれたネズミは右側の迷路のような遊び場に行けるようになっているのだが，その場合床に電流が流されたBの部分を通過しなくてはならない。もし，Eの迷路のゴールに餌がおいてあり，そしてネズミが空腹ならば，ネズミは少々の電流など気にせずに迷路の中に入っていくのはもちろんわかる。ところが，ニッセンによればネズ

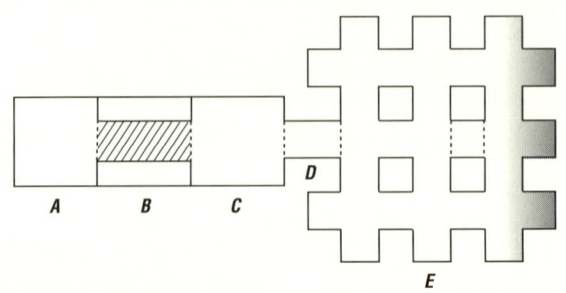

図1-1　探索動機の実験で用いられた装置（Nissenn, 1930）

ミはたとえ空腹でなくても，また，ゴールに餌がおいてなくても電流の流れた床を通って迷路に探索行動に出かけていくのだという。

これとよく似たものとしてハーロウ（Harlow, 1950）がサルを対象にして行った研究がある。彼は，図1-2のような金具を組みあわせてできたパズルをサルに与えるとサルはたとえそのパズルを完成させることで餌がもらえたりほめてもらえたりしなくても自ら進んで取り組むという。

一般に，動物に何かをさせようとするときは餌を与えることで望ましい行動の出現頻度を高めるのがよいと考えられている。しかし，上に紹介したネズミやサルは水や餌は十分満たされており，あえて何かをしなくてはならないという欲求はないはずである。にもかかわらず，迷路やパズルに興味や好奇心を抱いたネズミやサルは，自発的に探検したりパズルに取り組んだりしているのである。

いきなり動物実験の話とは少し飛躍があるかもしれないが，きっと，現代の若者の無気力を語る上で重要なキーワードと思われる自発性というものはそういうものなのではないだろうか。

この自発性というものが機能するためには，少なくとも，生きてゆく上で必要最低限の食料や安全が保証されている必要があるだろう。ニッセンの実験のネズミもハーロウのサルもそういったものは満たされていた。ただ，動物というものは（おそらくは，人も）そうした生存に必要な最低限のものが満たされるとそれで何もしなくなってしまうかというと，そうではない。おそらく，動物はその種の保存の観点から生存に必要な条件は満たしていても，さらにその

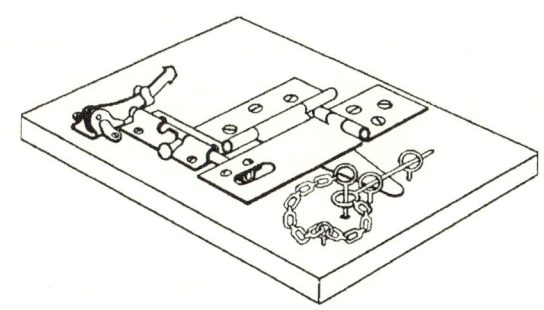

図1-2　ハーロウがサルに与えたパズル（Harlow, 1950）

条件を改善するためによりよい新しい未知の環境を開拓しようとする欲求を備えていると考えられる。そのためネズミやサルは迷路を歩き回ってみたり，パズルに取り組んだりするのであろう。われわれ人間も同じような欲求は備わっていて，それがさきほどから問題にしている自発性なのである。

ところが，この自発性というものは，必要な安全や食料が保証されていればいつでも機能するかというとどうもそういうことではなさそうなのである。そもそも，われわれは，今，安全や食料が保証された豊かな社会のなかで青少年に自発性が失われつつあるという現象を無気力ととらえ問題にしているのである。ということは，安全や食料の保証というのは自発性を支える必要十分条件であるかのように考えられてきたが，じつはそれは必要条件の1つでしかないのかもしれない。安全や食料の保証がされていても他に何か条件が揃っていないと（あるいは，安全や食料の保証と引き換えに何かの条件を失うと）自発性は機能せず，そこに無気力という現象が出現してしまうのであろう。

4 ── 自発性を喪失させる条件

前述のように波多野と稲垣（1981）は今日の社会は「生産第一の管理社会」であり，「生産高を高めることが，結局，みんなの幸福につながる，と何となく仮定されて」「生産性を高めるのに役立たない分野は，どんどん切り捨てられて」いるため人がそれぞれの熟達を成し遂げ，効力感を得ることができず，つまり，自発性を失い無気力になるのだと述べている。つまり，安全や食料を保証するために生産性をあげることが必要なのはいうまでもないことだが，ゆきすぎると今度は自発性を機能させることさえ奪ってしまい，無気力を生んでしまうというのである。

よい製品を確実に生産するためにはむだのない流れ作業を基本にした大規模な生産システムをつくりあげる必要があるし，それを安く誰もが入手するためには一元化され管理の行き届いた流通システムを全国に張り巡らせればよい。そのため，誰が，どこでやっても，均一な品質が保証されるマニュアルがつくられる。そのマニュアルに従ってやればよい。個人の工夫はサービスの質のムラを生むので望ましくない。もちろん，創意工夫は必要だがそれは個人の勘や経験に頼るものではなく大規模なマーケッティング調査のなかで市場の動向に

答えるという形で行われる。なるほど，社会全体がそのような方向に向かえば，人間の自発性が失われてゆく。また，自発性を失っても生存や安全が脅かされるわけではないわけだから，それを取り戻そうともしない。そうやって，無気力化がどんどん進行してゆくというのである。

　詳しくは第1章第2節で紹介されるが，動機づけ心理学においてコントロールの源を自分の側におくことや自ら有能さを感じることの重要性が唱えられてきたが，それは，このような自発性が無気力にならないためにいかに必要かということを細部の異同はあえて無視して示そうとしているものと考えられる。

5 ── 無気力の2つのタイプ

　無気力というものが自発性の喪失に由来することはかなり理解されたと思うが，実際に本シリーズの立脚する発達臨床心理学的な立場から自発性の喪失を理解しようとなると必ずしも一筋縄ではいかない。つまり，すべての無気力が自発性の喪失に由来するかというとどうもそうではなく，無気力の中にもいくつかのタイプがあり，そのそれぞれによって自発性の喪失のパターンが違うようなのである。

　そのタイプを大きく分けると2つに分けられるのではないかと思う。その2つであるが，まず1つめは，文字通り，はじめから自発性のもてないタイプである。詳しくは第2章にゆずるが，たとえば，無気力の臨床例として代表的な不登校やひきこもりのなかで怠学的なタイプ（稲村, 1988; 第2章第1節で無気力タイプと称されている不登校にほぼ近い概念）といわれるものがそれである。家族の甘やかしもあり幼少期からあまり元気がなく，小学校，中学校と進むに従いしだいに怠学が目立つようになり不登校となるケースである。おそらく，現代の青少年全体に蔓延しているといわれる元気のなさ，将来の目標の喪失といったものも基底部分ではこれと共通するといってよいであろう。あまり，説明を要する必要もないが，安全や食料は保証されているが自発性を呼び起こさない社会に無気力化することである意味安住しているタイプである。昨今，話題になっているフリーターやニートも似たような心理状態にあるといえるかもしれない。このようなタイプは，まさに，自発性欠如型無気力といっていいであろう。

ところが，これとはかなり違った様相を見せるのがもうひとつのタイプである。このタイプは，自発性の涵養という見地から見るとあまり適所とはいいがたい今日の社会に対し，無理矢理，自発的であろうとし，結局，それが実現できず無気力化してゆく。不登校やひきこもりのなかにも，よい子の息切れタイプといわれるものがあるが，このタイプが無気力のよい例といえる。このようなタイプは無気力症状を発症させる前は，むしろ人一倍まじめ，きちょうめんでよくできる子どもであることが多いと言う。大学生の無気力を示すケースの中にも高校，大学入学まではむしろまじめでよく勉強したケースがみられるというが（笠原，1984），やはり同様のタイプといえる。このタイプは，最初は，むしろ，実際には望んでも得られない自分らしさ，つまり自発性を与える何かを社会の中に求めようとして，結局，それに失敗し無気力になってしまったといっていいかもしれない。およそ10年前，山地（1995）は当時増えつつあった無気力の特徴として，几帳面で完璧主義で過剰適応的な傾向（つまり，強迫性）が破綻を来した結果無気力になるというパターンが多いことを指摘していたが，その記述がまさにこのタイプに相当する。このようなタイプをここではこの山地の表現を借用して強迫型無気力と仮にいっておこう。本書の第1章第3節で語られるが，臨床社会心理学的では自分のあるべき姿に過度の注意を払いすぎることで，逆にそのあるべき姿の実現が難しくなってしまい悪循環から無気力になってしまうというという現象があることがよく知られている。このような無気力が形成されるプロセスは，このような強迫型無気力によくあてはまるものと考えてよいであろう。

　ところで，先ほど，広辞苑の記述を調べた際，無力感の定義として，力のなさを意識，自覚するという点があげられていることを紹介した。この力のなさを意識，自覚するという意味においては，おそらく強迫型無気力のほうが，その意識，自覚は高いのではないかと思う。つまり，はじめからなんとなく自発性は得られないとみて無気力を決め込んでいる自発性欠如型無気力に対し，ある程度はトライしてみてあきらめて撤退した強迫型無気力の人たちのほうが，自らの力の及ばないことを身をもって体験したことがあると思うのである。そのような意味で，強迫型無気力に陥る人たちは学習性無力感（第1章第2節および第3節参照）が形成されるプロセスをそのまま踏んでいる人たちといえる

表 1-1　日本，アメリカ，中国の高校生の人生の目標（日本青少年研究所，2002 より作成）

(%)

	日本	アメリカ	中国
高い社会地位につくこと	40.4	66.1	71.0
世の中の様々な不公正を無くすために活動すること	61.1	76.0	63.2
好きなことをする時間を持つこと	94.3	91.8	93.4
のんびりと暮らすこと	80.6	70.5	73.2
社会のために役立つこと	70.3	74.4	78.1

注1）この調査は財団法人日本青少年研究所が実施した「高校生の未来意識に関する調査—日米中比較」（2002年5月）の結果の一部を著者が表にしたものである。
注2）調査は2001年から2002年にかけて日本，アメリカ，中国のそれぞれの高校生（日本，および，中国はそれぞれ約1200人，アメリカは約900人）を対象に行ったものである。表中の数値は，そのうちの「この次の項目はあなたの人生にとってどのぐらい重要ですか」という質問に対し「非常に重要」「まあ重要」と答えた者の割合を合計したものである。
注3）この調査の詳細については財団法人日本青少年研究所のホームページで見ることができる。ホームページアドレスは，http://www1.odn.ne.jp/youth-study/ である。

であろう。

　ところで，近年では，この2つの無気力の中でどちらかといえば，強迫型無気力よりも自発性喪失型無気力のほうが増えているのではないかと思われる。すでに10年以上前に稲村（1988）は，無気力を主症状とする怠学的な不登校の増加を指摘しているし，各種の社会調査でも，わが国の青少年が個人レベルでの幸福を求めながら社会に対し何かを成し遂げようとする意欲に欠けることを報告があることからもわかる（表1-1参照）。

6 ── 自発性喪失型無気力と自己のあり方について

　はじめから自発性をもつことなくあきらめてしまいなんとなくやる気をなくしている無気力な青少年，彼らをどう考えればよいのであろうか。

　笠原（1984）は，大学生のスチューデント・アパシーについてコフート（Kohut, H.）の自己心理学を参考にした自己（セルフ）の分割（スプリッティング）の考え方を取り上げながら論じている。これについては紙幅の都合もあるので詳細は笠原の著書に譲るが，笠原によるとスチューデント・アパシーの学生は，多重人格とは言わないまでも，自己というものをバラバラに分割してそれぞれの場所にそれぞれの自己を適用させて生きているのだという。一般にスチュー

第1章 ■無気力の定義とその理論

デント・アパシーの学生は本業としての学業から回避しながら，副業としてのアルバイトやサークル活動には意外にも一生懸命に取り組むことなどが指摘されている（第2章第3節参照）が，これも，自己をいくつかに分割した結果，副業向けの自己にエネルギーを向けることで本業である学業を回避しているという事実に直面することを巧みに逃れていると説明される。おそらく，強迫型無気力の人たちはどちらかといえば統一感をもった自己を社会の中で適合させようとしてそれに失敗した結果としての無気力に陥っているのに対し，自発性喪失型無気力はバラバラに分割した自己をその都度使い分けることで，自分自身の自発性の問題に直面することからも回避しているように思われる。

このように考えると，じつは，自発性というのはその人の自己を束ね一人の人間らしさというものをつくりあげている力のようなものであるようにも思われる。強迫型無気力の人たちは確かに自発性を喪失し無気力な状態に陥ってはいるがそれでも，まだ，叩きつぶされかかった自己をどうにか立て直せば，再び意欲は取り戻せそうな気がするが，自発性喪失型無気力というものは自分自身を束ねるという根本的な力をも失ってしまい，少し極端な言い方をすれば自分が自分であるという基本的なアイデンティティがそもそも維持されていないようにも思えるが，いかがであろうか。自発性喪失型無気力というのは無気力というよりも人間性そのものの崩壊とも通じるように感じてしまうのであるが，それは少し大げさであろうか。

7 ── うつ病と無気力

さて，この節ではずっと自発性の喪失という概念をキーワードにして無気力について話してきた。現代社会において増加しているといわれている無気力が既存の精神疾患の枠組みから論ずることが難しく，自発性というようなどちらかといえば抽象的な概念を使って考えざるを得なかったからだ。ただ，一方でうつ病という枠組みから考えたほうがよいような無気力の増加も，また，近年の話題になっている。

近年，統合失調症（精神分裂病）の軽症のケースが増加しているといわれるが，同様に軽症のうつ病も目立つようになっているという。笠原（1996）によればうつ病と診断される者はだいたい人口比で2％くらいいるのではないかという

ことである。そのなかでも、特に軽症の者が増加しているという。その特徴であるが、①どちらかというと社会的適応のよかった人によくみられ、②症状は重くないが、ゆううつ気分、不安、億劫感が伴う複合体験であり、③1,2か月程度は少なくとも継続する。④発症にストレスは関係することもあるが、ないことも多く、⑤薬物療法による治療が容易、よいといったことがあげられるという。そして、笠原に寄れば、このうつ病は内因性だという。内因性というと、重度の遺伝病を思わせるが、必ずしもそうではなく、むしろ、日常生活を普通に送っていて「ひとりでに」起こるものだという。高血圧になりやすいとか、肥満になりやすいとか、そういう誰にでもある体質的なもののようである。第1章第4節で紹介されるような脳内の化学的変化も多かれ少なかれ関係があるのである。だから、各種のいわゆる抗うつ薬をはじめとした薬物療法が適用可能であり、そういう意味では先程来論じてきた自発性の喪失というような心理的、社会的な概念でメカニズムを理解するような無気力とはだいぶ違うのである。しかし、このひとりでになり、重症にならないうつ病が精神科や心療内科などで近年かなり目につくようになっているのだという。しかも、この軽症のうつ病は中高年の症状のようにも思われるかもしれないが、中学生の不登校と思われるケースの中にも軽症のうつ病と考えたほうがよいケースがあるらしい（笠原, 1996）。したがって、青少年の無気力を考える上でも無視できないのである。

　この軽症のうつ病が増加している理由は、実のところよくわからない。前述のように精神疾患全般の軽症化が進んでいる昨今の状況を考えると、うつ病固有の問題として考えにくいのである。あるいは、臨床心理学、カウンセリングへの関心の高まりや、通院を主とする精神科クリニックの増加などによって、これまで表面化しにくかったケースまでもが治療の対象になるようになったことも一因としてあるのかもしれない。

　とにかく、青少年の無気力について話題にするとき自発性の喪失といったような社会的な要因ばかりではなく、このようなどちらかというと体質的な基盤をもったうつ病についても考える必要があるのである。

8 ── 無気力からの回復

どのようにすれば無気力から脱却できるのであろうか？

それについての何か一言でまとめて語れるようなことは特に何もなさそうである。とにかく，さまざまな方法が試みられているが，なかなかこれといった決定的な対応策がないのだ。うつ病に関して言えば薬物療法の発達によってある程度のものはそれほど困難なく症状を軽減できるようになった。ところが，本書で取り上げるような無気力についていえばとてもそんな簡単なものではない。大学生のアパシーなどについていえば，まずそもそも無気力であることに耐え難い苦痛を感じていないから自ら助けを求めてこないし，また，不登校についても似たようなところがある。現場の臨床家は，自分たちがかかわるそれぞれの無気力に対応するために独自の方法を考えざるを得ないのだ。こういったことについては後の第3章で具体的に紹介されるので，そちらを参照してもらうことにする。ただ，それよりももっと困難なのは，社会全体に漂う，青少年の無気力感とでもいうべきものにどのように対応するかである。しかし，それは発達臨床心理学的な立場を越えてしまっていて，残された少ない紙幅で論じきれるものではない。ただ，そこにも，必ずしも学術的な概念としてはとらえきれない無気力というものを扱う難しさの本質がひそんでいるように思われるのである。

Column ①
無気力と自己愛

　自己愛的な人物の特徴は，自分が偉く他者よりも優れていると感じる誇大性と，他者からほめられたい，賞賛されたいという強い欲求をもち，そして相手の気持ちを考えずに尊大で傲慢な態度をとることである。

　近年，臨床場面において，このような特徴をもつ自己愛性人格障害の患者のなかに，大きく分けて2つのタイプが存在しているという指摘がなされている（たとえば，Gabbard, 1994）。1つは周囲を気にかけない，無関心型とよばれるタイプであり，これは周囲の人々に自分がどのような影響を与えているか気づいておらず，他者の欲求に鈍感で，会話をするときには自分が相手を会話に参加させていないことにさえ気づかない人々のことである。もう1つは周囲を過剰に気にかける，過敏型とよばれるタイプであり，他の人々が自分にどのように反応するかについて敏感であり，自分が拒絶され軽蔑されないように，人目につくことを避けようとする人々のことである。

　では，このような2つのタイプの自己愛と無気力はどのように関連していると考えられるであろうか。たとえば上記のうち過敏型の自己愛のもち主であれば，自分が評価されるような傷つきやすい状況を回避しようとするあまり，対人恐怖的な心性にともなって対人関係から退却し，いわばひきこもりのような無気力状態を呈する可能性が考えられる。その一方で無関心型の自己愛のもち主の場合には，その自己中心的で攻撃的なふるまいから，周囲からの反感や無視といった否定的な反応を得る機会が多いと考えられるが，そのような反応を得る機会が多くても，周囲からの反応を気にかけずに無視し続ける限りは無気力状態に陥らないと考えられる。しかし現実生活においては，さまざまな対人関係状況において，周囲の人々の反応に否応なく気づかされるときもあるだろう。そのようなときには，それまで感じられていた自己の重要性の意識が，逆の無価値感にとって代わり，そのような自己価値の喪失体験から無気力状態に陥る可能性があると考えられる。

　自己愛的な人格のもち主が必ず無気力な状態に陥るというわけではない。しかし以上のように，周囲の状況や他者との相互作用を行うなかで，二次的に無気力状態に陥る可能性はあると考えられる。

第2節

無気力とは
—動機づけの心理学から—

　前節でも述べられているように無気力の概念は心理学おいてそれほど厳密に定義されているわけではない。ここでは，無気力をひとまず行動への動機づけが低下し，行動が自発されなくなることと考え，このような観点から動機づけに関する主要な理論を概観し，「無気力」の諸相との関連を考える。

1　コントロール感と無気力

　無気力についての心理学的研究の出発点となったともいえるのが，セリグマン（Seligman, 1975）の学習性無力感の考え方である。彼は，一連の動物実験を通して無気力が経験によって獲得されること，すなわち学習されるものであることを主張した。学習性無力感の動物実験とはおおよそ次のようなものである。
　犬をハンモックにつるして大きな動きができないような状態にしておいて電撃が与えられるが，犬は2群に分けられて異なった条件の下におかれる。一群の犬は動けない状態で電撃を受けるが，鼻でパネルを押すことによって電撃を終了させることができる。一方別の一群の犬はどのような反応を示しても電撃を自分で終了させることはできず，電撃は実験者によって終了させられる。またこの犬は，先の自分で電撃を終了することができた犬と対になっていて同じだけの電撃をうけるように実験的にコントロールされている。前者を逃避可能群，後者を逃避不能群と呼ぼう。このような処置を受けたあと24時間たって

から，テスト課題が行われる。ここでは2つに仕切られた部屋の一方に犬をいれ，合図の後しばらくしてから床から電撃が与えられる。この課題では障壁を乗り越えて別の部屋に逃げれば電撃から逃れることができる。通常犬はこのような回避訓練をしばらく行えば，合図の後すぐに反応して，電撃を避けることを学習する。先にハンモックで電撃を受けだが自分で電撃を終わらせることができた逃避可能群では，同じようにこのテスト課題を学習したが，ハンモックで電撃を受けこれを終わらせることができなかった逃避不能群の犬は，テスト課題でも自ら別の部屋に移動しようとせず，電撃を甘受しているのみで学習が成立しなかった。一般に行動に対し結果が伴っていることを随伴性があるというが，逃避不能群の犬では，電撃が切れるという結果が，自分の行動に伴っていないという非随伴的経験を重ねた。それによって，一般に自分の行動と結果とは関係がないという信念（非随伴性認知）をもつようになった。その結果として客観的には行動すれば嫌悪的な事態を避けられる，やればできるような状況においても何もしなくなり，いわば無気力な状態に陥ったのだとして，これをセリグマンは，学習性無力感（learned helplessness）と呼んだのである。

　その後，人間を対象にしたものも含め多くの研究が行われた。人の場合，解決できないような課題を与えられるというコントロール不能な状況を経験すると，後の学習課題での成績がかえってよくなるという報告も多くみられた。これは一時的に非随伴的なコントロール不能な経験をすると，自ら結果をコントロールしている感覚が低下するが，人間は本来結果をコントロールしていると感じていたいという欲求があり，コントロール感を回復するために後の課題でいっそうがんばる，というように動機づけが一時的に高まるのだと考えられる。しかしながら非随伴的でコントロール不能な経験がさらに積み重なればやはり無力感の状態に陥ると考えられている。

　学習性無力感の考え方は，一生懸命何かやってもそれに手応えのない嫌な経験ばかりしていると，どうせ何をやってもだめなんだと思うようになり，状況を自分の力で変えられる場面でも自らは何もしないという自発性の低下した状態となるということであり，常識的にもわかりやすいものであろう。ただ犬の実験で言えば，無気力になった逃避不能群の犬も無気力にならなかった逃避可能群の犬も同量の電撃をうけており，物理的な意味での嫌悪的な経験の量は変

わらないのであって，問題はそれをコントロールできたかどうかということである。したがって何か失敗ばかりしているから無気力になるというのではなく，うまくいったりいかなかったりすることが自分の行動と随伴しているかどうかが大切である。

　このような観点から，算数に対して無気力になっている子どもたちに対して訓練を行った研究では，成功経験をたくさんさせて自信をつけさせるグループと，成功経験を基盤にしながら失敗も経験させて，失敗が自分の努力と随伴していることを強調するグループとを比較した場合，後者の子どもたちにおいて，ちょっとした失敗の後にすぐに自発性を失ってあきらめてしまうことがなくなったという意味で，無気力が軽減したという（Dweck, 1975）。日本でも牧ら（2003）は中学生を対象に随伴的経験の少なさが無気力感と結びついていることを示唆している。今の社会が恵まれているがゆえに子どもたちが自らの欲求を比較的容易に満足させることができる，あるいはまた親がなるべく子どもたちの欲求に応えよう，それも子ども自身の行為とは無関係にそうしようとする傾向があるとすれば，子どもたちは随伴的な体験を積むことが難しくなっておりそのことが無気力の蔓延，無気力への脆弱さと関連していよう。

　コントロールの感覚の個人差をとらえたものが，ロッター（Rotter, 1966）の内的－外的統制信念あるいはローカス・オブ・コントロールと呼ばれる概念である。彼によれば，一般に人生の成功，失敗といった事象が，自分自身の行動や自分の相対的に安定した特性に随伴していると人が考える場合，このような信念を内的統制と呼ぶ。逆にこうした事象は自分の行動と必ずしも随伴しておらず，むしろ運や運命，あるいは他者のコントロールの下にあると考える場合，これを外的統制と呼ぶ。内的－外的統制信念は直接動機づけに結びつくわけではない。

　ロッターによれば，行動への動機づけの強さは，自分が行動することによって強化が得られる（成功する）と考える期待の強さと，その強化のもつ自分にとっての価値の強さによって決まる。もちろん成功できると思うほど，また価値が高いと思うほど行動への動機づけは高まる。内的－外的統制信念の違いは，彼によれば期待の変化に影響する。コントロール感のある内的統制信念をもっていれば，成功すれば期待は上昇していくが，外的統制信念をもっていてうま

くいくかどうかは運しだいだと考えていれば，期待は上昇しないであろう。逆にこのような信念をもっていれば，失敗しても期待は下がらないと考えられる。内的統制信念をもっていて失敗を連続的に経験すれば，本来自分の行動と結果とが結びついているはずなのであるから，うまくいくようにいろいろな行動を試してみるであろうし，その限りでは動機づけは低減しないと思われる。しかしこうした失敗が度重なれば少なくとも当面の課題においてはやがて期待は低下していくものと思われる。結局内的統制信念をもっているほど，過去の成功や失敗の経験を将来の期待に反映させるのに対し，外的統制信念では，過去の経験が将来に反映されない。そのような意味で外的統制信念をもつほど経験から学習しない，といえるだろう。このように内的－外的統制信念は，期待を通して間接的に無気力と関連していると考えられる。

2 コントロール感を維持するための無気力

　電気ショックなどの嫌悪事態を自分でコントロールできると考えていれば，それがもつ心身への悪影響も緩和される。いじめや対人的なトラブルであれ，学業や仕事上の失敗であれ，それはなんとか自分で問題解決できると考えられるのであれば，こうした事態をなんらコントロールする力はなく，いつこの困難からぬけだせるのかわからいときほどには苦痛ではないであろう。コントロール感は単に行動の自発性という意味での動機づけだけに関連しているものではなく，われわれの心身全般とかかわっている。そのような意味で，一般にさまざまな事態をコントロールしたいという欲求が存在すると思われる。
　ランガー（Langer, 1975）の一連の研究よると，私たちは実際にはコントロールできていない状況でもいわば錯覚としてのコントロール感をもつという。実際には偶然によって決定され自分ではコントロールできない課題でも，自分でやるときの方が，実験者の指示に従って行うときよりも主観的な成功確率としての期待を高く見積もるという。一方無力感が強く抑うつ的な人の場合には，このような錯覚が少なく，むしろ客観的である場合があるという（たとえば Alloy & Abramson, 1979; Pacini, 1998）。このような意味で，あまりにも極端な根拠のない万能感をもっていることは当然不適応的であると思われるが，

多少水増しされた幻想としてのコントロール感であっても，それは心理的な健康にとって必要なものであるかもしれない。

このようにコントロール感をもつことが重要だとすると，コントロール感を喪失しそうなときにコントロール感を維持しようとすることが試みられる。単純にもし成績が悪いとしたら，それはどうしてだと思うかと子どもにきくと，成績が悪い子どもの方が，がんばらなかったからだと答える傾向がある。これはいろいろな解釈が可能だが，がんばらなかったから成績が悪い，ということは裏返せば，「がんばればできるはずだ」ということであり，この「がんばればできる」というコントロール感を維持するために，「がんばらなかったから」と答えるし，実際にがんばろうとしない，と考えることも可能である。一般に成功が不確実な状況では，意図的に自らを不利な状況においたり，努力を差し控えたりする現象がみられ，セルフ・ハンディキャッピングと呼ばれている（伊藤, 1991参照）。自信のない試験の前夜，酒をたくさんのんだり，試験勉強せずにゲームばかりやってみたりするのである。こうすることで試験がうまくいかなくてもそれは勉強しなかったからであり，本当はやればできるのだと思っていられるのである。

スチューデント・アパシー（第2章第3節参照）では，本来為すべきである「正業」において選択的に無気力であり，アルバイトなどの「副業」ではかえってがんばっていたりするという。「副業」的な領域で自らのコントロール感を維持しつつ，「正業」場面では幻想としてのコントロール感を維持すするために，無気力となっていると考えることができるかもしれない。こうした無気力の場合には，少なくとも幻想としてのコントロール感は維持されており，強い抑うつ感情や自責感に苦しめられることは少ないと思われる。いずれは現実に直面せざるを得ないとしても，この幻想が維持される限り悩まないですむのである。

スチューデント・アパシーでは，なにもおもしろくないというアンヘドニア（快体験の希薄化）も一般にみられるという。先述のように動機づけは，期待と価値によって決定されると考えられる。期待を維持しつつ動機づけの低下を自ら正当化するためには，価値を下げればよい。つまりそれは自分にとってたいして重要なことではないと考えればよい。これはなにも目新しいことではない。イソップの「すっぱいぶどう」の寓話にもみられる古典的な戦略である。

こうして「なにもおもしろくない」も幻想的な期待を維持する戦略とみられるかもしれない。いずれにしろこうした幻想に基づいた方法は，長期的に見れば効果的とは思われないが，現実に直面するための本来のコントロール感を回復するための一時的な方略としては有効でありうるかもしれない。

3 自己効力と無気力

　コントロール感がもてないことが，自ら行動を起こそうとしないという意味での無気力と結びつくと述べたが，一方成功や失敗は自分が行ったこととは関係がないという外的統制信念をもっていれば，失敗が続いたとしてもそれはなるようにしかならないのであって自分に原因があるわけではないのだから，それほど落ち込んでなにもやる気がなくなってしまうまでにはいたらないかもしれない。不治の難病にかかった子の親は無力感を感じ悲観的な気分になるかもしれないが，これは誰にもどうすることもできないのであって，自己非難，自責感から落ち込んでしまうことはないだろう。このような観点から，学習性無力感の考え方は，コントロール不能な自体の原因をどうとらえるかという原因帰属概念を取り込んで改訂理論へと展開したが，改訂理論については第3節で詳しく述べられる。

　バンデューラ（Bandura, 1977; 1997）は，内的－外的統制信念という概念は，行動と結果との随伴性認知を問題にしているが，仮に行動が結果と結びついていると考えていても，望ましい結果を得るのに必要な行動を自分はとることができないと考えることがあるのであって，この両者を区別する必要があると主張した。彼はロッターやセリグマンが問題にした随伴性認知を結果期待と呼び，それに対して必要な行動を遂行しうるかどうかの期待を効力期待（自己効力）と呼んだのである。ヘビ恐怖の人の場合でいえば，彼らはヘビに触ることによって何か重大な問題，噛まれて死んでしまうといったことが起こると信じているから，ヘビに触れないわけではない，つまり彼らの問題は結果期待にあるわけではないと主張した。さまざまな職業についての情報を収集したり，就職活動をすることが望ましい職を得るためには重要であると考えていても，そうした活動をすることが自分には困難であると考えることによって無気力が引き起

こされる場合がある（コラム⑫参照）。実際，嫌悪的な事態を避けることができるのであるが，その避けるための行動が動物にとってかなりコストの高いものになれば，セリグマンの犬のような嫌悪事態を避けられない場合よりもかえって動物にとってストレスとなるという（Tsuda & Hirai, 1975）。つまり本来コントロールできるはずなのであるが，結果をコントロールするためになすべきことがあまりにもたいへんなことであるとか，自分には何をしていいのかわからない，という場合は，自己評価の低下や悩みを伴った無気力をもたらすと考えられる。

　自己効力概念はかなり幅広く使われており，その使われ方にはいく分曖昧な点があるように思えるが，基本的には自己効力を随伴性認知と区別し，両者のトータルとしてコントロール感を考えることができよう。このような観点からスキナーやワイスは，それぞれ異なった用語を用いているものの，自己効力と古典的な随伴性認知，トータルとしてのコントロール感の3者を扱ったモデルを提示している（Skinner, 1992; Weisz & Stipeck, 1982）。

　自己効力と随伴性認知の有無を組み合わせると，4つの場合が考えられる。どちらもある場合は，トータルとしてコントロール可能であり，無気力に陥ることなく積極的に行動すると考えられる。逆にどちらもない場合は，無気力であるかもしれないが，どうせなにをやってもだめなのであって一種のあきらめの境地から，強い悩みや気分の落ち込みはもたらされないと思われる。随伴性認知があるにもかかわらず，自己効力が無い場合は先程来述べているように，自己卑下，劣等感を伴った落ち込みを経験すると考えられる。一方随伴性認知が無く，自己効力がある場合は，バンデューラによれば，行動がそれにふさわしい結果によって報われるよう環境を変革するか，随伴性がない状況に対しての不平，不満が起こるという。

　先に触れたように，人間を対象とした学習性無力感の実験では，コントロール不能な経験をしたときに一時的に動機づけが高まり，その後そうした経験が積み重なると無気力に陥るという傾向がみられる。これは実験事態をコントロール可能なものと考え，いろいろと課題を解決しようと試みがんばったあげく，本来コントロール可能なはずであるが自分にはうまく対処することができないと考えるにいたったともみられる。自分なりにがんばったすえの，燃え尽き型

無気力は，随伴性認知がありながら自己効力を喪失していると考えることができるかもしれない。彼らが完全主義的傾向をもつとすれば，その落ち込みを軽減するためには，外的統制的な「あきらめ」をどこかでもつことも意味があるかもしれない。

4 自己決定感と無気力

ドシャーム（deCharms, 1968, 1976）は，別の観点から内的−外的統制信念を批判した。すなわち，自らの行動によって結果をコントロールできるかというよりも，行動そのものが自らによっていわばコントロールされていて，自分がその主体となっているのか，それとも自分の行動は，むしろ外的な力によって決定されており，自分は一種のあやつり人形であるかのように感じているのか，といった自己の行動の原因の所在が，臨床的により重要であるとした（deCharms, 1968; 1976）。彼は，前者を自らが行動の起源であるという意味でオリジン，後者を他の人の手先となっているという意味でポーンと呼んでいる。彼は，比較的下層階級の多い地域の児童・教師を対象に，オリジン感覚を育てる訓練を行うことによって，児童の学業成績の改善がみられることを報告し，動機づけにおける行動の自己原因性感覚の重要性を指摘した。

特に報酬も無く自ら内発的に行っている活動に対して，金銭などの外的な報酬を提示すると，その後報酬の無い状況では，当初よりも動機づけが低下する現象は，デシ（Deci, 1971）の実験以来多くの実験的研究によって報告されてきた。デシ（Deci, 1975）は，通常の報酬の効果とは反するように思えるこうした現象について，先のドシャームの考えを援用しながら，次のように説明した。「すべての報酬（フィードバックを含む）は，2つの側面を有している。すなわち，制御的側面と，報酬の受け手にたいして彼の有能と自己決定に関する情報を与えるところの情報的側面がそれである」。「報酬は，行動を統制するために用いられるのがふつうである。子どもは，成人から期待されることを行なったときに，ほうびとしてキャンディを与えられることがある。…報酬を提供する側のねらいは，当人の行動を統制（制御）することにある。…それゆえに，それぞれの報酬（フィードバックを含む）に対する第一の側面は，制

御的側面ということである」。そして「もし制御的側面がより顕現的であれば，それは，認知された因果律の所在のプロセスに変化を始発するであろう」。さらに「内発的動機づけが影響を被りうる1つの過程は，認知された因果律の所在が，内部ら外部へと変化することである。これは，内発的動機づけの低下をもたらすであろう，そのようなことが生じるのは一定の環境下においてであり，内発的に動機づけられた活動に従事するのに，人が外的報酬を受けとるような場合である」(Deci, 1975 の邦訳から引用。ただし順序は適宜入れかえた。)

つまり，報酬が制御的なものだと受け取られれば，もともと内発的に行っていた活動は，その原因が自分から報酬という外部へと変化する。ドシャーム流にいえば，オリジンからポーンへと変化し，自己決定感が低下し，内発的な動機づけも低下すると考えられる。

自己決定的ではないことは，内発的な動機づけを低下させるが，必ずしも動機づけそのものを低下させるわけではない。なぜなら報酬をはじめ外的な力によって行動が喚起されるからである。こうした外的強制による活動の特徴としてデシらは，いわば学習の質的低下を問題とする (Deci, 1980; Deci & Ryan, 1985)。たとえば，制御的な文脈では，機械的な暗記などは好成績を納めるが，より深い処理がなされず，理解の成績は悪い。さらに記憶の成績も短期間で低下するという (Grolnick & Ryan, 1987)。また教材を選択することができた児童は，選択の余地が無かった児童に比較し，教材に対する先行知識の影響を除いても，より主体的，効果的な方略で文章の検索を行ったという (Reynolds & Symons, 2001)。こうしたことは，非自己決定的な活動の場合，やることはやるけど，やればいいんでしょ，といったものになりがちだということを示している。

デシらはセリグマン流の随伴性認知が無い無力感に陥っている状態を非動機づけと称し，随伴性がある場合について，自己決定感の有無によって2つの動機づけ状態を区別し，あわせて3つの動機づけ下位システムを区別しているが，ここでは，随伴性認知の有無と自己決定感の有無によって2×2の4つの場合を考えてみよう。随伴性認知も自己決定感もともにある場合は，意欲的でありうるであろうし，逆にともに欠如している場合は，「非動機づけ」的状態であり，無気力，無力感に陥るであろう。さて随伴性認知はあるものの自己決定感が乏

しい状態が、先程来問題としている状態であって、いわれればやるが、やらされてやっている、いわれなければやらないという状態であるといえる。いちいち指示されればそのようにするが、自ら自分で考え工夫して主体的、積極的に活動することが無い、そのような意味で「自発性」が無く、無気力であるととらえることができる。いわば指示待ち型無気力といえよう。コネルは児童の学業活動への関与をいくつかのタイプに分類した中で、このようなタイプを「儀式的」と呼んでいる（Connel & Wellborn, 1991）。その特徴とは以下のようなものである。「このタイプの生徒は、形だけ授業に参加している。この子達は特に深刻な問題を起こさない。なんの興味も楽しみも無くただ終わらせるがために学業を行なっているのである」

逆に自己決定感はあるが、随伴性認知が無い場合はどうであろうか。個々の行動は、他から強いられてやるわけではなく自己決定的であるが、自分の行動が、自らの望む結果をもたらすとは信じられないということであろう。そのため、将来の自分の目標といったことを定めることが困難であろうし、なにか将来したいことがあったとしてもそのために必要とされることを今準備し、将来に備えようなどとは考えないであろう。行動をまったく起こさないという意味の無気力ではないが、その行動はその場その場で利那的、短絡的に快を求めるようなものであって、自らの将来の目標に向かってなにがしかの一貫した活動を形作るように思われない。先のことを真剣に考えず、なげやりであるという意味で、これも1つの無気力とみられなくもない。非行における無気力ということがしばしば指摘されるが、このような意味で利那主義的な無気力といえるかもしれない（コラム⑧参照）。高校生の退学に関する研究によれば、退学する学生の方が他の要因が一定であれば、より自己決定的であるという（Taketsuna et al., 2000）。このことは逆に、自己決定的でありえないために学校にとどまりながら「儀式的」無気力状態にある生徒の存在を示唆しているともいえよう。

5 目標と無気力

イラクでの人質事件の際に「自己責任」ということが話題となった。企業に

おいても自己責任が声高にいわれる時代である。自己責任は，当然自己決定がその前提となる。自ら選択し決定する自由がなかったのであれば，その責任を感じることはないであろう。先述のように抑うつ気分や悩みをともなっている無気力において自責感があるとすれば，その前提としてやはり自己決定がなければならないだろう。すると自己決定的であることがかえってこのような自責感を伴った無気力を引き起こす可能性が考えられる。

　ニコルス（Nicolls, 1984）によると，われわれの課題への取り組み方には2つの種類があるという。彼はこれを自我関与と課題関与と呼んで区別している。彼によれば自我関与的な子どもの学習への取り組みの特徴は以下のようなものである。第1に何かを学んだり，理解したり，発見したりすることよりは，間抜けにみられないことに心を配っている。第2に学習そのものには価値がない。学習そのものは目的ではなく，正しいかまちがっているかが関心事である。学習は間抜けにみられないための手段なのである。一方課題関与的な子どもでは，第1に注意は自分自身ではなく課題そのものに向けられている。第2に賢そうに見えることやあるいは間抜けにみえないようにすることではなく，何かを学ぶことや理解することそのものが目的なのである。さらにこれらの子どもたちは異なった能力概念をもっているという。一般に同じ成果が得られたのであれば，それに対して行った努力量が少ないほうが，より能力が高いと推論される傾向がある。先に紹介したセルフ・ハンディキャッピングは，このような傾向を巧みに利用しているともいえる。努力を自ら差し控えることで同じ結果が得られるのであれば，能力評価を高く維持できるからである。自我関与的な子どもでは，このように努力と相反する能力概念を使用するが，課題関与的な子どもではより単純な能力概念を使用する。つまり有能さは，自らの過去の遂行と比較したときに改善がみられることによって得られる。能力はなにかを学ぶことと等価であり，学ぶことは努力に依存する。したがってここでは能力と努力量は相反しないのであって，これはおよそ6歳以下の幼児が主にもちいている能力概念なのだという。成人においても課題への取り組み方のこのような違いによって，使用される能力概念が異なってくるのだという。

　ドゥエック（Dweck, 1986）は，達成状況における目標のもち方という観点から同様の概念提起をしている。彼女によれば，有能さの肯定的評価を得，否

定的評価を避けることを目標とする遂行目標志向と有能さを増大させるという目標をもつ学習目標志向とがあるという。またこのような目標志向性の違いは，知能に対する見方の違いからもたらされる。すなわち知能は固定的で変化しないという知能観から遂行目標志向がもたらされ，知能は柔軟で増大しうるものだと考える知能観は学習目標志向性を導くという。また目標志向性の違いと主観的な自分の能力についての判断の組みあわせによって異なった行動パターンが導かれるという。すなわち遂行目標志向であってかつ高い能力をもっていると考える場合には，高度な課題に挑戦し，粘り強く取り組むのに対し，同じく遂行目標でありながら，能力知覚が低い場合は，挑戦を避け，すぐにあきらめるといった動機づけの低下した行動パターンを示す。それに対し学習目標志向の場合には，能力知覚の高低にかかわらず，何かを学びうるような新たな課題に積極的に挑み，粘り強く取り組むという。実際児童を対象に目標志向や能力知覚を実験者が操作した実験においては，児童の能力にかかわらず，遂行目標かつ低能力知覚条件において，すぐになげやりになるような学習性無力感的な行動パターンがみられたという（Elliot & Dweck, 1988）。

　近年遂行目標－学習目標は，古典的な接近－回避と組みあわせて考えられることが多い（Elliot & McGregor, 2001）。そのように考えれば遂行－回避目標は，一言で言えば馬鹿にみられたくないために活動するということなる。他者からの否定的な評価を避けるためにまわりからの期待に沿って，それが多少無責任な期待であったとして，それに応えようとしてがんばるということになろう。遂行目標にしろ学習目標にしろ，そうした目標を自ら選び取ったのだとすればそれらは自己決定的でありうる。遂行－回避的な目標を自ら選び取っているのであって，強いられていると感じていないのだとすれば，「儀式的」な子どものように最低限形だけやってますよ，というわけにはいかず，「期待」を内在化し自らをそれに向けて叱咤激励するということにもなりかねない。さらに随伴性認知や自己効力があり，やればやるだけのことはあるはずだと考えていれば，なおいっそうがんばることになる。いわれなければやらないのではなく，自ら進んで行っているのであるからこうした活動は，「内発的」，「自律的」でありうる。

　コネルはこのようなタイプの子どもを「わな（網）にかかった（enmeshed）」

子と呼んでいる。このタイプの子は「学業をたいへんまじめに一生懸命やる。学業をちょっと真剣に考えすぎているのではないかという印象を与える。その自己概念は，学校の成績にあまりに縛り付けられている。とても一生懸命やるが，それは非常に不安気で神経質なやり方だ」。自らの目標を自らに強いそれに向かってかりたてられている，自らしかけたがんばりずむのわなにとらえられてしまっている，という状態だろうか。まわりの期待に応え，否定的な評価を受けたくないからがんばるということは，それほど不自然なことではない。またこの「まじめながんばり屋」は，この段階では達成行動に異様に熱心に従事しているのであってむろん無気力ではない。ただいろいろがんばったあげく自己効力を低下させコントロール感を喪失するということが，こうした遂行－回避目標的な「わなにかかった」子に起これば，その「自律的」な活動の循環は破綻し，深刻な自己評価の低下や自己卑下，自責を伴った無気力状態が引き起こされる可能性がある。

　近年の研究によれば，選択することの動機づけに及ぼす効果には文化差があるという。アジア系とヨーロッパ系の小学生を対象とした研究では，従来の自己決定理論が主張するように課題を自己選択させた場合に比較して，実験者が選択した場合にはどちらのこどもも内発的動機づけが低下した。しかし母親が選んだとして課題を与える条件では，ヨーロッパ系の子どもたちではやはり動機づけが低下したのに対し，アジア系の子どもではもっとも高い動機づけを示したという（Iyenger & Lepper, 1999）。われわれがこうした重要な他者からの期待に応えたいという動機づけを強くもついわば相互依存的な文化にあるとすると，そこでの「自己責任」「自己決定」の強調は先にみたような破綻をより深刻化させているかもしれない。自己決定の「わな」の文化差にも注意を払う必要があろう（無気力の文化差についてはコラム④参照）。

Column ②
ソーシャル・サポートと無気力

　無気力とは，気力がないということであろう。気力というと個人内から湧きあがるもの，個人の内面の問題と思われがちである。しかし，気というものは，個人内だけで生み出されるのではない。たとえば，雰囲気というものがあるが，それは周囲との関係のなかでつくられる。学級風土や職場環境において，その恵まれた雰囲気から「エンパワーメント」(empowerment)といった個々の力量や全体の活力が形成される。これなどはまさしく「気」を通して「力」が形成，維持されていく典型であろう。この意味で，無気力の改善には周囲とのやりとりであるソーシャル・サポートが必要である。このコラムでも「気」という言葉を使って表現してみる。

　受け手には，相手からのサポートを感じ取れる気持ちが必要である。気力というと前面に押し出す印象があるが，サポート知覚のように相手の気配りの察知といった感受性も含んでいると思われる。内観療法においては「してもらったこと」を想起するが，これは今まで空気のように当然で，意識していなかった自分のサポート状況を，対人的側面を考慮してきちんと再知覚，再評価することにほかならない。

　また，受け手には，その雰囲気のなかへ主体的に入っていく一種の気勢も求められる。ナドラー（Nadler, 1997）は，自律的に援助探索すること（autonomous help seeking）の重要性を述べており，依存的にただ求めることの問題点を指摘している。また，そのような援助探索は，能動的な対人志向（active social orientation）と関連しており，精神的弾力性のある（resilient）子どもの特徴であるとも述べている。

　相手にサポートを与えられる存在であることも，無気力の改善には欠かせない。与えるということは，特にすぐ成功しない場合には気が張り，根気もいるが，うまくいき相手の喜びを見たときには，何とも言えないよい気分を，与え手にもたらすものである。たとえば，引きこもりや不登校の状態においては，その者へのサポートが不十分ということだけでなく，その者がきちんとサポートを与えられる生身の相手が存在しないという問題があり，自らが一方的に受ける側にまわり，それが固定化されているという問題がある。固定化された状況を打ち破って相手にサポートを与えることは，前段で述べた自律的な援助探索と同様，困難を抱える青少年にとって勇気のいることであるが，それを醸成する雰囲気づくりが周囲には求められる。

　以上のことを考慮すると，サポートの相互性を丁寧に考えていくことで，無気力の改善や気力の涵養に寄与すると思われる。サポートのやりとりがしっかりなされるとき，その集団成員に気合という一体感が生まれ，それを1つの方向にもっていく気運が高まり，個々人の元気が湧き出てくるであろう。

Column ③
無気力の測定

「無気力」という概念が応用的に最も使用されるのは，教育心理学において，もしくは教育の現場においてである。そこで，ここではまず，主として無気力を測定するようにつくられ，教育現場で使用することのできる測定法を紹介する。それに加えて，無気力を測定するような項目が含まれた尺度（抑うつやバーンアウトなどを測定する尺度）を紹介したい。

教育場面で無気力を測定する場合，その発達段階に応じて測定方法を変える必要がある。小学生や中学生に適用できる測定法としては，「無気力感尺度」（笠井ら，1995）があげられる。これには小学生版（高学年対象）と中学生版があり，それぞれ20項目からなる4段階評定の尺度である。小学生版の下位カテゴリーは，「学習不適応感」「充実感・将来の展望の欠如」「身体的不全感」「消極的友人関係」「非能動性・無力感」の5つである。中学生版の下位カテゴリーは小学生版とは若干異なる。詳しくは第2章第1節を参照されたい。

大学生を対象とした尺度としては，「アパシー心理性格尺度」（下山，1995），「意欲低下領域尺度」（下山，1995），「アパシー傾向測定尺度」（鉄島，1993）などがある。「アパシー心理性格尺度」は20項目からなり，下位尺度として，「張りのなさ」「自分のなさ」「味気のなさ」「適応強迫」の4つがある。「意欲低下領域尺度」は15項目からなり，「学業意欲低下」「授業意欲低下」「大学意欲低下」の3つの下位尺度が存在する。「アパシー傾向測定尺度」は31項目からなり，「授業からの退却」「学業からの退却」「学生生活からの退却」の3つの下位尺度がある。

この他，無気力だけを測定する目的で開発された尺度ではないが，項目のなかに「無気力」が含まれている，精神的健康を測定する尺度もある。抑うつ尺度を例にとると，ベック抑うつ質問票（Beck Depression Inventory: BDI）（Beck et al., 1979; 日本語版：林, 1988）には「活動困難」という項目があるし，改訂版のベック抑うつ質問票（Beck Depression Inventory - Ⅱ）（Beck et al., 1987; 日本語版：小嶋・古川, 2003）には「活力喪失」という項目があり，それらは「やる気」を測定していると考えられる。うつ性自己評価尺度（Self-Rating Depression Scale: SDS）（Zung, 1965; 日本語版：福田・小林, 1973）にも同様に「精神運動性減退」という項目がある。ストレス反応尺度（たとえば，Stress Response Scale-18; 鈴木ら, 1997）やバーンアウトの尺度（たとえば，マスラック・バーンアウト尺度：Maslach & Jackson, 1981），バーンアウト・インデックス（Burnout Index）（Pines et al., 1981 など）のなかにも，無気力や無力感が含まれているものがある。調査の目的に応じて尺度を選択する必要があるだろう。

第3節

無気力とは
―臨床社会心理学から―

1 臨床社会心理学的視点

　アメリカでは，1980年ごろから，不適応を扱う臨床心理学と一般の人の社会的相互作用を扱う社会心理学とのインターフェイスが盛んになっている。わが国でも近年，この流れが認知されつつあり，書名に「臨床社会心理学」という語の入った本も出版されている（Abraham, & Shanley, 1992; 細江, 2001; Kowalski, & Leary, 1999; 安藤・丹野, 2001; 坂本・佐藤, 2004; 田中・上野, 2002）。臨床心理学も社会心理学も幅広い研究領域をもつため，臨床社会心理学を定義することは難しいが，筆者は「人間の適応の理解，適応における問題，および適応を高めるための介入に，社会心理学の原理や知見の応用を図る一領域」と定義している（坂本, 2002）。これまで臨床心理学で扱ってきたような不適応のなかには，社会心理学で用いられる概念や理論で説明できるものも多い。
　不適応を説明するための社会心理学的なモデルでは，明確に定義された概念を用いており，無意識などの理解が難しい概念を用いていないのが特徴である。また不適応を，社会心理学で用いられる一般の人の心理的過程から記述するので，不適応に対して自分とは無関係の異常な現象という見方を抑え，偏見を是正するためにも役立つと思われる（丹野・坂本, 2001）。
　特に研究が進んでいるのが，無気力と抑うつに関する理論である。セリグマンら（Overmier & Seligman, 1967; Seligman & Maier, 1967）によって報告さ

れた学習性無力感（learned helplessness; 第1章第2節参照）の現象は，人の抑うつ（depression）を説明する理論として提唱されたため，抑うつについての社会心理学的な研究も多数行われてきた。ただし，社会心理学における抑うつ研究は，落ち込んだり，むなしい感じがしたり，何となくやる気がしなかったりするような抑うつ気分とそれに伴う抑うつ的な症状に関するものであり，うつ病に関する研究ではない。ここで，代表的な抑うつ症状とは，抑うつ気分，興味や喜びの喪失，食欲の減退または増加，睡眠障害（不眠または睡眠過多），精神運動の障害（他の人の目にもわかるほど落ち着かなくなったり，逆に動きが遅くなったりする），疲れやすさ・気力の減退，強い罪責感，思考力や集中力の低下，死への思いなどである。なお，「抑うつ」の概念については，坂本（1997）や坂本と大野（印刷中）などを参照されたい。

無気力については，第2節でみてきたように，セリグマンらによって学習性無力感理論が提唱され，さらに，エイブラムソン（Abramson, L.Y.）らによって抑うつの改訂学習性無力感理論（Reformulated learned helplessness; 以下，改訂LH理論）へと発展していった。この改訂に用いられたのが，社会心理学で発展した原因帰属という概念である。この理論はその後，素因－ストレスモデルとして展開した後，絶望感理論へと発展していった。

一方，1960年代後半から，自己に関する社会心理学の研究が発展してきた。そのなかには，抑うつの現象を説明するための研究も多数行われてきたが，特に自己注目の概念から抑うつを説明する試みも盛んに行われてきている。

本節では，改訂LH理論と絶望感理論，および自己注目理論に焦点を絞って，無気力と抑うつの現象について説明する。

2 改訂LH理論と絶望感理論

1 —— 改訂LH理論

エイブラムソンら（Abramson et al., 1978）の改訂LH理論について図1-3のⅠ～Ⅵに沿って説明する。

(a) Ⅰ：状況

セリグマンらは，回避できない状況で電気ショックを与えられた動物がその

第3節 ■無気力とは―臨床社会心理学から―

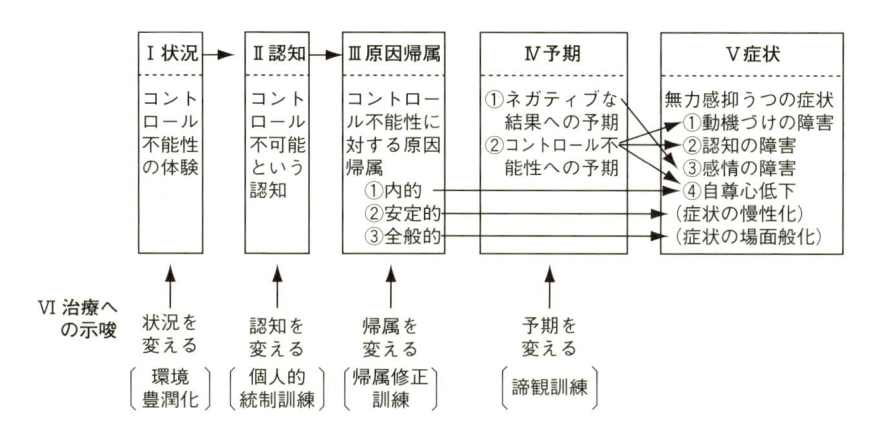

図1-3 改訂学習性無力感理論の概略（Abramson et al., 1978 より作成）

I 状況	II 認知	III 原因帰属	IV 予期	V 症状
コントロール不能性の体験	コントロール不可能という認知	コントロール不能性に対する原因帰属 ①内的 ②安定的 ③全般的	①ネガティブな結果への予期 ②コントロール不能性への予期	無力感抑うつの症状 ①動機づけの障害 ②認知の障害 ③感情の障害 ④自尊心低下 （症状の慢性化） （症状の場面般化）

VI 治療への示唆：
- 状況を変える → 環境豊潤化
- 認知を変える → 個人的統制訓練
- 帰属を変える → 帰属修正訓練
- 予期を変える → 諦観訓練

後回避学習ができなくなるという事実を発見し，これをコントロール不能性の考え方から説明した。たとえば，勉強すれば成績が上がるとか，治療に専念すれば病気はよくなるとか，通常，行動が結果に結びつくので，人は望ましい結果を期待し，それを達成しようと行動を起こす。ところがたとえば，白血病の子どもをもったある親が子どもを救うためにあらゆる手段をとったが，子どもの病気は治らないような場合，父親の行動は子どもの病気が治るという結果と結びついていない。このように，行動と結果が結びつかないコントロール不能な状況のことを，非随伴性とよぶ。こういう状況では「どうせ何をやってもムダだ」と無気力に陥りがちである。これを，セリグマンらは学習性無力感とよび，抑うつ症状を説明するモデルになると考えた。

(b) II：認知

オリジナルな学習性無力感理論では，図1-3においてI→IV→Vというパスを考えていた。しかし，同じようなコントロール不能な事態を体験しても抑うつにならないという結果も発表された。なぜ，こうした差が出てきたのかを解決するため，エイブラムソンら（1978）は改訂ＬＨ理論を提出した。改訂ＬＨ理論では，II（認知）とIII（原因帰属）の過程を追加した。IIは，現在あるいは過去のコントロール不能性を認知する過程，すなわち，客観的にはコントロールできる場面でも，主観的にはコントロールできないと思いこむことである。

(c) Ⅲ：原因帰属

　改訂ＬＨ理論では，抑うつになるかならないかを決めるのはコントロール不能性に対する原因帰属の仕方，つまり「なぜ状況をコントロールできないのか」と，その原因を考える考え方である。帰属の仕方は，内在性，安定性，全般性という3つの次元から分析された。

　①内在性の次元：内在性の次元とは，コントロール不能の原因が，自分にある（内的）のか，自分以外にある（外的）のか，という帰属の違いのことである。エイブラムソンらは，内的帰属による無力感を個人的無力感，外的帰属による無力感を普遍的無力感とよんで区別している。「私が無能だから勉強しても合格しないのだ（他の人なら合格するのに）」と内的に帰属した生徒は個人的無力感の例，「子どもの病気は不治だから自分の行為は効を奏しないのだ（誰がやってもダメなものはダメなんだ）」と外的に帰属した父親は普遍的無力感の例といえる。また，前者のように内的に帰属すると，無力感の症状には「自尊心の低下」を伴う。

　②安定性の次元：安定性の次元とは，コントロール不能の原因を，時間的に安定したもの（安定的）に帰属するか，変動するもの（不安定的）に帰属するかの違いのことである。コントロール不能の原因が安定的と帰属されれば，無力感の症状を慢性化させ長引かせる。

　③全般性の次元：全般性の次元とは，コントロール不能の原因を，空間的に，似たような場面すべてに当てはまる（全般的）と帰属するか，その場面に限定されたもの（特殊的）と帰属するかの違いのことである。コントロール不能の原因が，全般的と帰属されれば，無力感症状の場面般化性が大きくなる。

　これら3つの次元を組みあわせると，8つの帰属のパターンが考えられる。表1-2には，数学の試験に失敗した生徒が，自分の失敗原因を帰属する8つの仕方を示した。この生徒を例にとると，「私は頭が悪いから失敗した」のように，①内的・②安定的・③全般的に帰属した場合，無力感は最も強くなると考えられる。逆に，「数学の問題が13問だったから」のように，①外的・②不安定的・③特殊的と帰属するほど，無力感は弱くなる。出来事の原因を何に帰属するかという帰属の仕方に個人差があるので，同じ体験をしても抑うつになる人とならない人が出てくると説明される。

表1-2　原因帰属：数学の試験で失敗した生徒の例（Abramson et al., 1978）

		①内在性の次元	
	②安定性の次元	内的 （個人的無力感）	外的 （普遍的無力感）
③全般性の次元　全般的	安定的	私は頭が悪いから （能力）	授業で習わないことが出たから（課題の困難度）
	不安定的	疲れて努力不足だったから （努力不足）	きょうは13日の金曜日だったから（運）
③全般性の次元　特殊的	安定的	数学の能力がないから	数学の試験はいつも不公平だから
	不安定的	風邪をひき計算力が鈍っていたから	数学の問題が13問だったから

(d) Ⅳ：予期

Ⅲで説明したような帰属のあり方によって，無力感予期が形成される。コントロール不能性が，過去や現在だけのものと考えられるうちは抑うつにはならない。しかし，「将来もコントロール不能だろう」のように将来に投影されると，無力感予期が形成される。無力感予期とは，①ネガティブな結果への予期と，②コントロール不能性への予期からなっている。①は，将来，いやなことが起こるのではないかという予期，または，望ましいことが起こらないのではないか，という予期のことである。②は，ネガティブな出来事を自分の行動によってコントロールできないだろうという予期のことである。

1978年の改訂理論では，ネガティブな結果への予期が強いほど，次に述べる動機づけ障害，認知障害，自尊心低下が強くなり，コントロール不能性への予期が強いほど，感情障害が強くなると述べている。

(e) Ⅴ：症状

抑うつの原因には，心理的なもの以外にも，生理的なもの，遺伝的なものなどさまざまあるが，エイブラムソンらの理論では，そうした抑うつの原因の1つとして学習性無力感を考え，これによって生じた抑うつの亜型を無力感抑うつ（helplessness depression）とよんでいる。症状は，①動機づけの障害，②認知の障害，③感情の障害，④自尊心の低下の4つである。

(f) Ⅵ：治療への示唆

　以上が，改訂ＬＨ理論の大枠であるが，この理論から抑うつの治療への示唆も考えられている（Abramson et al., 1978）。図1-3からわかるように，抑うつ症状（Ⅴ）はⅠ〜Ⅳの4つの要素によって決まる。そこで，抑うつを治療するためには，各要素ごとに治療方略を考えればよいのである。すなわち，状況（Ⅰ）を変えるためには，クライエントが多様な成功や効力感を経験できるように，環境を変えていくことが考えられる（環境豊潤化）。また，認知（Ⅱ）を変えるためには，クライエントがより多くのコントロールを達成できるように具体的なスキルを教える個人的統制訓練が，帰属（Ⅲ）を変えるためには，失敗や成功をよりポジティブで現実的な方法で帰属するようにクライエントを訓練する帰属修正訓練がある。さらに，予期（Ⅳ）を変えるためには諦観訓練があり，無力感のもたらす嫌悪感を減らしたり，達成できない目標への欲望を低めるように訓練したり，無力感を受け容れるように指導したりする。原因帰属による心理療法については富家（2004）がわかりやすく説明している。

2 ── 素因－ストレス・モデルとエイブラムソンらの絶望感理論

　抑うつの素因－ストレス・モデルを改訂・吸収する形で，絶望感（hopelessness）理論が生まれた。図1-4は絶望感理論の説明であるが，この理論は抑うつの素因－ストレス・モデルも含んでいるので，素因－ストレス・モデルについても説明する。

(a) 抑うつの素因－ストレス・モデル

　改訂ＬＨ理論は，原因帰属の仕方に個人差（抑うつ的帰属スタイル）があること，そして抑うつ的帰属スタイルをもつ人が，ネガティブな出来事を経験したときに抑うつになりやすくなるという素因－ストレス・モデルとして展開した（Metalsky et al., 1982）。

　まず，ストレスについていうと，改訂ＬＨ理論では，「コントロール不能な状況を経験すること」がモデルの最初にきていた（図1-3参照）。一方，素因－ストレス・モデルでは，「コントロール不能性」という概念は棄てられ，代わって「ネガティブなライフイベントを経験すること」が図の最初にきている（図1-4のⅠ）。すなわち，コントロールできるかできないかにかかわらず，

第3節 ■無気力とは―臨床社会心理学から―

ネガティブなライフイベント（ストレス）が抑うつを引き起こすもとになると仮定されているのである。

次に，素因については，抑うつ的帰属スタイルという考えが導入された。改訂ＬＨ理論では，具体的な原因帰属についてだけ述べられていたが，素因－ストレス・モデルでは，具体的な原因帰属（図1-4のⅣ）と帰属スタイル（図1-4のⅡ）とを明確に区別している。抑うつ的帰属スタイルというのは，ネガティブな体験をした場合，その原因を内的（その悪い結果は自分のせいで生じた），安定的（その悪い結果は今後何回も起こるだろう），全般的（その悪い結果は他の場面でも起こるだろう）と帰属しやすく，逆に，ポジティブな体験をした場合，その原因を外的（その良い結果は自分のせいで生じたのではない），不安定的（その良い結果は今後二度と生じないだろう），特殊的（その良い結果は他の場面では生じないだろう）と帰属しやすい傾向のことである。素因－ストレスモデルでは，この抑うつ的帰属スタイルをもつことこそが，抑うつになりやすい素因であると考えられている。

また，素因－ストレス・モデルは，ライフイベントと帰属スタイルの間には，領域合致の仮定が成り立つと考えている。すなわち，ある特定の領域（たとえ

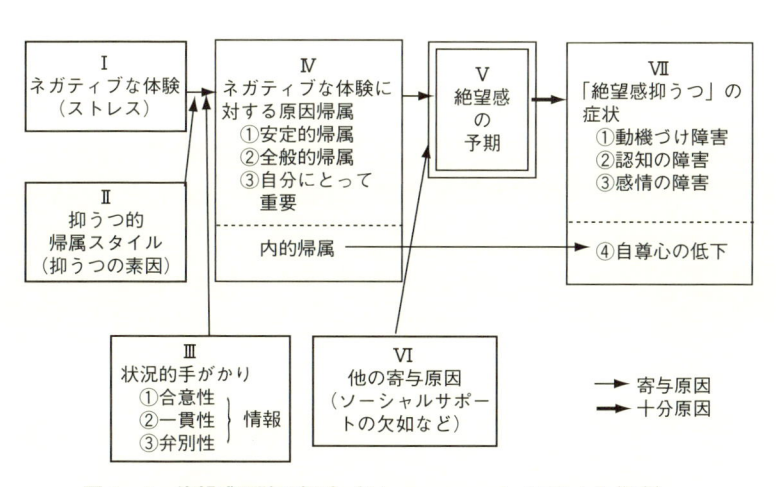

図1-4 絶望感理論の概略（Abramson et al., 1988 より作成）

ば，対人領域）で帰属スタイルに偏りがある人は，その同じ領域のライフイベント（たとえば，社会的拒絶）に直面したときに，絶望感をもちやすいと考えている。

(b) 絶望感理論

次に絶望感理論について，図1-4にそって説明する。

まず，Ⅰネガティブな体験と，Ⅱ抑うつ的帰属スタイルは，上述の素因－ストレス・モデルから吸収したものである。Ⅲ状況的手がかりは，社会心理学で得られた知見をふまえ，新たに記載された要因である。すなわち，原因帰属には帰属スタイルのような個人的特性だけでなく，状況的手がかりが影響を及ぼすことがわかってきたからである。ここでは，ケリー（Kelley, 1967）の帰属理論の考え方を大幅に取り入れて，合意性・一貫性・弁別性という3次元の手がかり情報を考えている。簡単に典型だけを述べると，ネガティブな体験に対して原因帰属する場合，その状況に関する情報として，合意性が低く，一貫性が高く，弁別性が低い場合，安定的・全般的な要因に帰属されやすくなる。これは，具体的にいうと「他の人はよくできているのに，自分だけは数学の試験に失敗し」（低合意性），「いつも数学の試験には失敗し」（高一貫性），「数学だけでなく他の教科の試験にも失敗した」（低弁別性）場合である。

Ⅳネガティブな体験に対する原因帰属についても，改訂ＬＨ理論とはいろいろな違いがある。まず，内在性の次元は，抑うつ症状の生起とは関係がないとして削除された。また，その人にとっての「重要性の次元」が追加されている。さらに，原因帰属を決めるものは，Ⅰネガティブな体験，Ⅱ抑うつ的帰属スタイル，Ⅲ状況的手がかりの3つの要因の相互作用とされている。

Ⅴ絶望感の予期については，改訂ＬＨ理論と同じであり，「ネガティブな結果への予期」と「コントロール不能性への予期」からなっている。また，Ⅵ他の寄与原因とあるように，絶望感理論においては，絶望感をもたらすものは，原因帰属だけではなく，他にもいろいろありうることを認めている。たとえば，まわりにサポートしてくれる人がいないことなどがあげられる。絶望感抑うつの症状については改訂ＬＨ理論とほぼ同じである。

3 自己注目理論

1 ── 抑うつと自己注目

　私たちは，人前でどのようにふるまったらよいか，自分がどのように映っているかを考えることがある。また，自分がどのような人間なのかとか，自分がどのような気持ちでいるのかを理解しようすることもある。これらの状態は，いずれも自分に注意を向けて，自分について考えている状態であり，社会心理学では自己注目（self-focus）という用語で研究が進んでいる。一方，無気力や抑うつの状態では，仕事（すなわち，環境）に注意を向けることが難しくなる。自分の落ち込んだ気分について考えたり，なぜそうなってしまったのか，自分の中に原因を求めたりしようとする。これは自己に注意が向いた状態といえる。こうしてみると，自己注目と抑うつの現象は類似しており，何らかの関連性が考えられる。

　自己注目に関する社会心理学的な研究は，デューバルとウィックランド（Duval & Wicklund, 1972）の客体的自覚理論に端を発するが，抑うつと自己注目とに類似の現象がみられることが報告されて以来（Smith & Greenberg, 1981），自己注目という社会心理学的な理論から抑うつを説明する試みが行われている（詳細は，坂本, 1997, 2001 を参照されたい）。なお，自己注目は自己に注意を向けている状態（自覚状態）と，自己への注意の向きやすい性格特性（自己意識特性）の両方を包括的に示す用語である。抑うつと自己注目との関連については，いくつかのモデルが示されているが（Ingram, 1990; Pyszczynski & Greenberg, 1987），ここでは筆者（坂本, 1997）による3段階モデルを紹介したい。

2 ── 3段階モデル

　自己注目と抑うつとの関係は，図1-5のように時間的流れにそって3つの段階，すなわち自己注目の始発，作動，持続の3段階に整理できる。そして，この3段階は，抑うつの経過と以下のように対応づけられる。①自己注目の始発＝抑うつが生じるきっかけ，②自己注目の作動＝抑うつの発生，③自己注目の持続＝抑うつの維持。

(a) 自己注目の始発＝抑うつが生じるきっかけ

人は注意を自己か環境かに向けているが，自己注目の始発の段階とは，何らかの出来事や刺激に反応して注意が自己に向かう段階のことである。テレビカメラにたとえると，外側の風景に向いていたカメラを自分の内面に向けるのがこの段階である。この後の「自己注目の作動」のところで述べるように，抑うつが生じるためには自己に注意を向けている必要がある。したがって自己に注意を向ける段階（自己注目の始発の段階）は抑うつが生じるきっかけと対応づけることができよう。

ネガティブな出来事は抑うつに陥るきっかけと考えられるが，3段階モデルによると，ネガティブな出来事が抑うつを生じさせるのは，その出来事の後に自己に注意を向けた場合だけである。ネガティブな出来事を経験してもその後自己に注目しなければ，自分に関してネガティブなことが思いつかないので抑うつになりにくいと考えられる。たとえば，対人関係でもめたときに，相手に注意を向け相手の言動について考えることもあれば，自分に何かまずいところがあっただろうか，と自分に注意を向けることもある。私たちは，何かよいことがあった後よりも，悪いことがあった後のほうが自分に注意を向けやすい傾向がある（Sakamoto, 2000）。

(b) 自己注目の作動＝抑うつの発生

自己注目の作動の段階とは，自己について考え始めたため，自己についての情報（認知命題）が意識（認知結果）に上る段階である。テレビカメラにたとえると，自分の内面に向いたカメラが自分の中を映し出す段階である。自分についての情報（認知命題）にはいろいろあり，自分はこういう人間だという自己概念や，自分の過去の記憶，自分はこうありたい，あるいはこうあるべきだという信念のようなものが含まれる。これらは私たちの頭のなかに貯えられており，すべてが意識されているわけではない。自分についての情報にネガティブなものが多い場合，それらが意識されるので抑うつになりやすくなる。また，そのときの気分状態と意識される内容は類似であることが多いため（気分一致効果），ネガティブな状況で自己に注意が向くと，ネガティブな自己に関する情報が意識に上りやすくなる。

たとえば，対人関係でもめた後，自分が何かやったかと自分に注目したとす

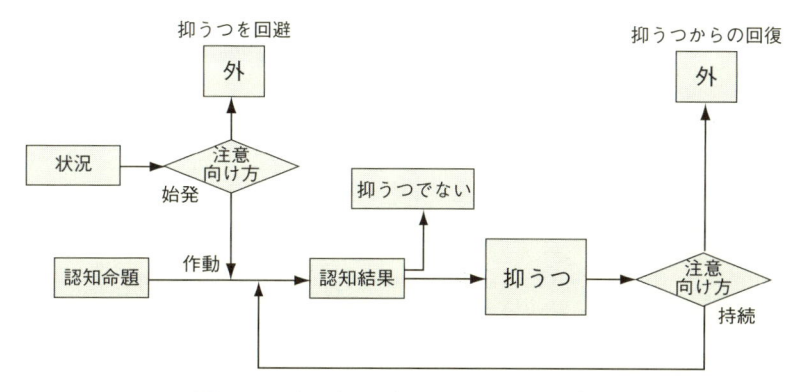

図1-5 自己注目と抑うつの3段階モデル

る。「人から嫌われるとすれば自分に責任がある」「人に嫌われたら自分は価値がない」といった信念をもっている人は，対人的なもめごとを自分のせいにし，落ち込んでしまうだろう。対人的なもめごとの背景には，双方の事情があるはずで，すべて自分が悪いと考えるのは偏った見方である。バランスのとれた見方をすることが必要であろう。

（c）自己注目の持続＝抑うつの維持

自己注目の持続の段階とは，時間が経過しても，自分に注意を向け続け，自己に関する情報処理が続く段階である。テレビカメラにたとえれば，カメラの方向を自分の内面に固定してしまうことである。自己注目の作動のところで述べたように，ネガティブな気分のもとで自己に注目すると抑うつになりやすい。したがって，抑うつ状態になったとき，自己に注意を向け続けることは抑うつ状態を長引かせることになる。抑うつ気分のもとでの自己注目は，考えれば考えるほど暗い気分になっていくという悪循環に他ならない。落ち込んだときは考え続けず，気晴らしをすることも必要である。

自己への注目がすべて悪いというわけではない。自己に注目することで，自分自身をよりよく理解することができるだろうし，自己理解は困難な状況に立ち向かうために必要である。大切なのは，自己注目が自分を苦しめるようになったときに，自己への注目を止めることである。気分が落ち込んでいるのに，度を越して自分をいじめるように自己について考えをめぐらせば，落ち込んだ

気分や悲観的な考え方が強まり，無気力にもなる。自己への注目は度が過ぎると，自分を苦しめることになる。精神的につらい状況にあっても自己に注意を向け続けることは，自分自身や現実を実際以上にネガティブに考えさせてしまうので注意したい。青少年にあっては自己のアイデンティティを確立するため自己に注意を向けることも多いと思われるが，その功罪両面を知って，上手に自己への注目を利用したいものである。

4 まとめ

　本節では，無気力と抑うつに関する臨床社会心理学的な理論をみてきた。社会心理学的な概念を用いた，明解な理論であったかと思われる。しかしここでは，どうしたら無気力や抑うつになるのかというモデルを提出したにすぎない。治療や介入については，認知行動療法において社会心理学的な考え方を導入している（坂本・佐藤，2004; 坂本ら，印刷中）。認知行動療法については自習用の本もいくつか出版されているので，参考になるであろう（たとえば，Greenberger, & Padesky, 1995; 大野, 2001; 井上, 1997; 大野, 2003）。

Column ④
無気力の文化差

　無気力の発生機序には原因帰属がかかわっていると改訂学習性無力感理論（改訂LH理論）(Abramson et al., 1978: 第1章第3節参照) は主張している。この理論によると，失敗を内的（自分のせい）・安定的（いつでも）・全般的（どんな場面でも）に帰属し，かつ，成功は外的（自分以外のせい）・不安定的（たまたま）・特殊的（この場面だけ）に帰属する傾向がある人は，無気力状態に陥りやすい。しかし，この原因帰属過程には日米間で大きな違いがあることが指摘されている。改訂LH理論が提唱された米国では失敗・成功両方の帰属傾向が無気力につながるという研究結果が得られているが，日本では成功における帰属傾向のみが無気力と関係しているという研究結果が多い（荒木, 2003）。日本人の特徴として，失敗の原因を自分のせいにする人は落ち込まないが，成功の要因が自分自身にあるととらえられない人は落ち込みやすい，ということがいえる。

　無気力と帰属との関連について，日米間で結果が一致していない原因に社会文化的要因が指摘されている（桜井, 1989）。ハロウェイ (Holloway, 1988) は，日本において「努力」は目標達成のための重要な要因として認識されているが，米国において「努力」は日本ほど強調されていないことを示している。努力や能力へ帰属する傾向には日米間で差異があるといえる。

　荒木 (Araki, 2002) は，「努力」や「能力」の概念が日米間で異なっていると主張した。日本では本来は自分自身の力で統制可能なものである「努力」を，米国では統制不可能なものとして認識する傾向があり，「努力」も「能力」の1つとしてとらえられていることを示している。

　また，坂本と鎌原 (Sakamoto & Kambara, 1998) によると，日本では失敗を自分自身のせいにしたとしても必ずしも本当の意味で自己卑下しているとはいえず，ただ単に周囲の人との調和を図るため表面的に行っている帰属であると思われる。日本人は失敗の原因を自分自身の能力不足に帰属したとしても，実際には自分が無能であるとは考えないことが多い。

　以上のことから，日本人は，米国人と比べ，失敗を自分自身のせいにしたとしても無気力に陥りにくいと結論づけられる。本音と建て前をうまく使い分ける日本特有の文化が無気力と原因帰属との関係にも影響を及ぼしているといえよう。

第4節 無気力とは
─生理心理学から─

1 はじめに

　思春期には，さまざまな心の嵐が吹き荒れる。自分探しの旅にさまよい，突き上げる性的衝動に心おさまらず，危険を好み，社会に反抗したり，薬物依存や非行，犯罪に走ることも少なくない。これとは対照的に，不登校や引きこもりなど，無気力に陥る青少年の増加もまた，社会的に大きな問題になっている。衝動性や無鉄砲さと無気力という2つの極に引き裂かれるのが思春期の心の特徴といえるだろう。本章では，こうした思春期の心を生み出す脳のメカニズムについて，やる気と無気力の観点から考えてみたい。

2 やる気を生む脳のメカニズム

1── やる気とはなにか

　まず初めに，やる気とはなにかを定義しておこう。心理学では，やる気のことを，動機づけという。動機づけとは，生体の内外の環境に対応した適切な行動を方向づけ（オリエンテーション），その行動を実際に引き起こし（エナジャイジング），かつ行動を持続させる（パーシスタンス），内的なプロセスのことである（Reeve, 2005）。血中のグルコースレベルが低下すると，空腹感を感じて摂食行動が生じる。また，目の前の素敵な異性を発見すると，性的欲求に駆られて求愛行動が起きる。このように，内外の刺激を分析し，状況にふさわ

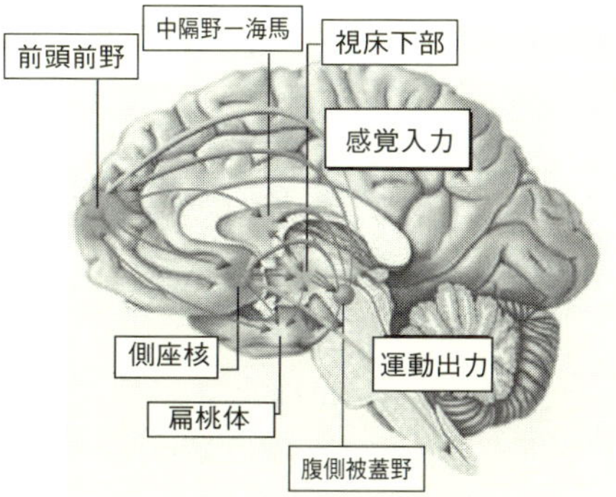
前頭前野
中隔野ー海馬
視床下部
感覚入力
側座核
運動出力
扁桃体
腹側被蓋野

動機づけ回路は，報酬回路，あるいは目標追求回路ともいい，報酬を求める行動を動機づける主要な脳内回路である。扁桃体，前頭前野，海馬からの情動・認知・記憶情報は，側座核で統合されて，腹側被蓋野からのドーパミン・シグナルによって，大脳基底核の行動実行系で目標追求行動が引き起こされる。この回路の活動異常は，依存症や無気力を起こす。

図1－6　脳のモチベーション回路（www.thebrain.mcgill.ca より改変）

しい行動を組織化して，外界に働きかける適応的な機能が動機づけの役割に他ならない。

この動機づけの機能を脳科学の用語に翻訳すると，生体内の内的状態や外界に関する情報をインプットして，適切な行動を決定し，その行動を出力することにより，生存・繁殖の可能性を高める高次の脳機能の１つとしてとらえることができる（Chambers et al., 2003）。

脳の動機づけ回路は，①空腹や痛みなどのホメオスタティックな情報を参照しながら，時々刻々と変化する外界の環境刺激の価値を評価し，②適切な行動（目標追求行動や逃避行動など）を選択して，③行動を実行するためのプランニングをたて，さらに④行動計画を実行に移す，という一連の複雑なプロセスから成り立っている。それゆえ，脳の動機づけ回路には，多くの脳部位が関与している（図1-6）。

2―― 入力システム

脳の動機づけ回路にインプットされる情報は，生体の内部環境に関するものと，外部環境に関する感覚情報の２つの異なった種類に分けることができる。

視床下部には，化学的センサーの働きをするニューロンが存在し，血中のグルコースレベルなど，種々の体内環境をモニターすることができる。これにより，空腹やのどの渇き，性的欲求といった生体の内部環境（ホメオスタシス）に関する情報が処理され，この情報を動機づけ回路に送って，正常な範囲からのズレに対処する適応行動が生じる。

感覚システムは，末梢のさまざまな部位に配置された感覚受容器によって，外界の刺激を捕捉し，その刺激を電気的なインパルスに変換して感覚神経に受け渡す。感覚神経は，電気信号を脳の視床に送り，さらに視床から大脳皮質の感覚野，感覚連合野に情報が受け渡されて，感覚情報の分析と統合が行われる。こうして処理された感覚情報は，これらの情報をもとに意思決定を行う前頭前野やその他の脳部位に送られる。

3 ── 情動システム

前頭葉と海馬の間にある，親指の先ほどの大きさのアーモンドに似た形をした神経細胞の集まり（神経核）が扁桃体である。扁桃体は，外側核，基底核，副基底核，中心核，皮質下核という5つの神経核から構成されており，大脳皮質感覚野から感覚情報を受け取る一方，視床から直接，感覚情報の入力を受けている。また扁桃体は，大脳皮質や視床下部など，さまざまな部位へ出力を送っている。

視床や大脳皮質からの直接的および間接的感覚情報が，扁桃体の5つの神経核の間を流れていく間に，情動が生まれてくる。ヘビを見たら身もすくむ恐怖が，魅力的な異性にはキュンという胸の高鳴りが起こるのは，いずれもこの扁桃体の働きの結果である。このように，扁桃体は，外界の感覚刺激に情動というレッテルを貼って，個体の生存・繁殖という生物学的な基準に基づいた価値判断を下すという重要な機能をもっている（LeDoux, 1996）。ヒトを対象とした脳画像研究によると，空腹な被験者にレストランのメニューを見せたり，あるいは金銭的な報酬と関連した刺激を提示すると，扁桃体の活性化が起きる。Aranaらは，被験者の好物のおいしそうな料理が並んでいるレストランのメニューを見せただけで，扁桃体の血流量は増大することを見いだした。扁桃体活性化の程度は，メニューに並んでいる料理の魅力度や被験者の空腹度と相関

するという（Arana et al., 2003）。

　扁桃体の生み出す情動により，快をもたらす刺激には接近行動を，恐怖をもたらす刺激には回避行動を行うことで，われわれは，生存や繁殖の可能性を高めることができる。情動は，動機づけのガイド役であり，生物は快を求め，不快を回避するために行動を起こすのである。

4 ── 認知システム

　動機づけ回路では，視床下部のホメオスタティックな内部環境に関する情報や，大脳皮質感覚野からの感覚情報，さらに扁桃体の情動的な価値情報を受けて，状況に対応した適切な行動を選択し，計画する認知的プロセスが必要となる。空腹を感じると，適当なエサ場に行ってエサを獲得するための行動プランが求められる。魅力的な異性のまわりに多くの競争者が群がっている場合は，尾羽を立てたり，角をつき合わせたり，高価なプレゼントを用意するといった，競争を勝ち抜くための有効な戦略を立てなければならない。こうした高次の認知機能は，前頭前野が司っていることが明らかになっている。

　前頭前野は，扁桃体が指し示した目標を実現するための司令塔である。作戦本部のテーブルの上で作戦を練るように，前頭前野はワーキング・メモリーという「心のノートパッド」を用いて，目標を達成するための行動計画を作成する。前頭前野は，感覚野からの感覚情報，扁桃体からの情動性価値情報，海馬からの記憶情報などのさまざまな情報を総合的に管理し，中央からの指令を発信して，他の脳領域をコントロールする，いわゆる高次のエグゼクティブな機能に関与しているのである（Damasio, 1994）。車の運転にたとえて言うと，カーナビで目的地を設定するのが扁桃体であり，前頭前野は，目的地に向かうさまざまなルートを考えてその中の最適のルートを選択し，運転のガイドを行う役割を果たしている。

　このように，前頭前野は，エグゼクティブな機能を発揮して，目標追求行動の計画書を作成する。これを実行に移すよう働きかけるのが，次にあげるドーパミン・ニューロンである。

5 —— 動機づけ賦活システム

　扁桃体が指し示した目標めざして，前頭前野が提供したプランに従い，実際にアクセルを踏み込んで車を走らせる役割を担っているのが，ドーパミン・ニューロンである。ドーパミンは，「ハートに火をつけて」，情熱にあふれたやる気満々の状態を生み出す。

　前頭前野でつくられた行動プランは，側座核という線条体腹側部の神経核に送られる。側座核は，前頭前野と運動系の間のゲートであり，側座核の行動プランは，ドーパミン・ニューロンのゴーサインによって，実際の行動となって発現する。中脳の腹側被蓋野にあるドーパミン・ニューロンは，側座核のゲートを開いて行動プログラムを運動系に実行させる役目があると考えられている。

　この腹側被蓋野－側座核ドーパミン・システムが動機づけ回路の一部であることを初めて見いだしたのが，アメリカの心理学者，オールズである。オールズは，内側前脳束という部位に電極を慢性的に埋め込んだラットが，電極からの脳刺激を求めて1分間に100回以上という高頻度でレバーを押し続けることを見いだし，内側前脳束が報酬の獲得にかかわる，いわゆる脳内報酬回路であることを示唆した（Olds, 1956）。その後，内側前脳束を通る線維が，腹側被蓋野から側座核に至るドーパミン線維であることが明らかになり，ドーパミンこそがやる気を生み出す脳内物質であると考えられるようになった。

　ドーパミン系を賦活する薬物は，異常なやる気を生み出す。アンフェタミンやコカインは脳内のドーパミンを増やす薬理作用があり，その結果，脳は覚醒して，やる気に満ちた状態がつくり出される。アンフェタミンをラットに投与すると，ラットは興奮して情動的な探索行動を長期間持続する。またラットは，なにもないのに，頭を上げてクンクン匂いを嗅ぐエアー・スニッフィングという異常行動を示す。

　腹側被蓋野のドーパミン・ニューロンは，おいしいエサや甘いジュース，素敵な異性や金銭，新奇性など，われわれの生存や繁殖にとって好ましいさまざまな刺激（報酬）やその刺激と連合した刺激（誘因）に反応して活性が高まる（Schulz, 2004; Zald et al., 2004）。ラットにドーパミン系を遮断する薬物を投与すると，エサに対する接近行動は阻害されるが，摂食行動は維持されることか

ら，ドーパミン・ニューロンは，報酬を獲得して起きる快感を起こすのではなくて，報酬を「欲しがる」気持ち（wanting）を生じさせ，報酬獲得のための行動を動機づけると推察される（Berridge & Robinson, 2003）。

ドーパミンは，側坐核の入出力における情報の流れを効率化することにより，前頭前野と運動系をつなぐ側坐核のゲートを開くように働いている。入力側の前頭前野の運動の指令は，側坐核を介して運動系へと伝えられるが，ドーパミン・ニューロンは，前頭前野から側坐核へのグルタミン酸性入力のバックグラウンドノイズを低減し，適切な信号入力を増強することによって，信号・ノイズ比を改善して，側坐核における行動賦活プロセスを効率化する。このように，腹側被蓋野のドーパミン・ニューロンは，側坐核に入力する情報のフィルターとして働いており，これにより，側坐核において，前頭前野や扁桃体，海馬からの入力がスムーズに統合される。一方，側坐核のドーパミンは，側坐核のGABAニューロンに作用して側坐核から淡蒼球へのGABA性出力を抑制し，淡蒼球を脱抑制する。その結果，線条体の行動プログラムが始動して，目標追求行動が発現する（亀谷，2004）。

6 ── 動機づけ抑制システム

ドーパミンと並んで，動機づけ回路を調節する分子がセロトニンである。縫線核には，セロトニンを神経伝達物質とするニューロンが集まっており，前脳の広範な部位に線維を送って，多くの脳機能を調節している。特に，動機づけにかかわる腹側被蓋野，側坐核，前頭前野には，縫線核セロトニン・ニューロンからの密な投射があり，これらの領域でドーパミンの働きを修飾することが明らかになっている。セロトニン・ニューロンは，腹側被蓋野のドーパミン・ニューロンの発火を抑制し，ドーパミンが火をつけた燃えさかるハートをクールダウンする働きがある。セロトニンは，ホットな覚醒ではなく，クールな覚醒を生じるという（有田，2003）。

以上に述べたやる気を生み出す脳の動機づけ回路を要約すると，次のような図式を描くことができる。まず，扁桃体が報酬や報酬と連合した感覚刺激の情動的な報酬価を表出する。この扁桃体からの情報や海馬からの記憶情報を参照して，前頭前野は報酬や報酬を予期する刺激の獲得に必要な行動を計画し，そ

のプランを側坐核に送る。さらに，中脳ドーパミン・ニューロンは，タイミングを見計らって，前頭前野の指令を運動系が実行できるよう側坐核のゲートを開く。一方，縫線核セロトニン・ニューロンは，前頭前野，側坐核，腹側被蓋野の機能を修飾して，動機づけ回路の暴走を防ぎ，脳機能を最適な状態に維持している。このように動機づけ回路の各脳部位は，互いにクロストークすることによって，適切な目標追求行動が達成される（亀谷，2004）。

3 無気力を生む脳のメカニズム

　これまで，脳の動機づけ回路について，扁桃体，前頭前野，中脳ドーパミン系，縫線核セロトニン系を中心に説明してきた。無気力は，脳科学の立場からみると，動機づけ回路の機能的不活性状態とみなすことができる。動物を対象とした実験的操作やヒトにおける脳損傷や神経疾患，あるいはストレスなどによって，動機づけ回路の機能が損なわれると，無気力などの動機づけの変調が生じることが明らかになっている。以下に，扁桃体がかかわる情動システム，前頭前野がかかわる認知システム，中脳ドーパミン・ニューロンが駆動する行動賦活システムや縫線核のセロトニン・ニューロン機能の異常と動機づけの関連性についてみていくことにしよう。

1 ── 情動システムの異常と無気力

　扁桃体破壊で生じる一群の症状を，クリューバー・ビューシー症候群という。サルの扁桃体を破壊すると，情動がいちじるしく平板化し，大人しく受動的になる。この他，精神盲という症状が現れ，これまで怖がっていたヘビにも，まったく恐怖反応を示さなくなるなど，扁桃体を障害されたサルは外界の刺激に適切に反応できなくなる。このように，扁桃体の破壊により，事象の重要性の判断がつかなくなり，行動を向けるべき目標の喪失が起きることが知られている（Ledoux, 1996）。

　一方，心的外傷後ストレス障害（PTSD）やうつ病では，むしろ扁桃体機能の亢進を示す知見が得られている。PTSDに罹った兵士の脳では，扁桃体における血流量が増加しており（Shin et al., 2004），また，うつ病についても，扁

桃体を含む辺縁系，辺縁系周囲部，皮質下領域の機能亢進を示す所見が脳画像研究から見いだされている（Mayberg, 2000）。同様に，先天的無気力ラット（次頁参照）の研究でも，ストレスによって扁桃体は過活性の状態になるという（Shumake & Gonzalez-Lima, 2003）。これらの知見から，PTSDやうつ病では，強い不安感や抑うつ感情に支配された扁桃体は，ポジティブな情動の生成を阻害して，報酬を求めて自発的に行動する動機づけを障害すると推察される。

2 ── 認知システムの異常と無気力

　前頭前野の機能が低下して管理機能が損なわれると，合目的的行動を計画したり，不適切な行動プランを抑制することができなくなり，自発性が低下し，意思決定が困難になって，無計画で衝動的な傾向が強くなる。

　こうした前頭前野の機能損傷の影響を劇的に示すのが，有名なフェニアス・ゲージの事例である。アメリカの鉄道工夫であったゲージは，線路敷設の際，大きな岩をダイナマイトで爆破する作業に従事していた。岩に穴を開けて1メートルの長さの太い鉄棒で火薬を詰める作業中，誤って火薬が爆発してしまった。この爆発で，鉄棒は，ゲージの頬から頭頂部に貫通して，20メートル先まで吹き飛ばされた。この事故で大けがを負ったものの，ゲージは奇跡的に回復した。しかし，以前は，社交的で気配りにあふれ，皆から好かれる人物であったゲージが，事故後には，怒りっぽく，衝動的で，計画性のない人格に変わってしまった（Damasio, 1994）。このようなゲージの変化はなぜ生じたのだろうか？　ゲージの墓から頭蓋骨を掘り出し，コンピュータグラフィックスで，事故により脳の受けた損傷を解析したところ，頬から頭頂部を貫通した鉄棒は，ゲージの前頭前野，特にその基底部に当たる眼窩前頭前野を破壊していたことが明らかになった（Damasio et al., 1994）。この事故により，ゲージの前頭前野は破壊され，そのために，意思決定，計画性，抑制性といったエグゼクティブな機能が損なわれたのである。

　その後の神経心理学的研究においても，前頭前野を損傷した患者は，行動がどのような帰結をもたらすか，まったく顧慮できないこと，また患者は即時に得られる報酬を選択する傾向を示し，報酬の価値の変動に敏感に反応できない報告されている（Damasio, 1994）。

前頭前野の機能障害を引き起こす主要な原因の1つがストレスである。PTSDに罹った兵士の脳では，前頭前野における脳血流量の低下が観察されている（Shin et al., 2004）。また，うつ病患者の脳においても前頭前野機能の障害が認められる。うつ病患者の脳画像解析によると，前頭葉，帯状回において，血流量や脳代謝が低下しており，その他，頭頂葉，側頭葉でも機能低下がみられる（Drevets, 1997; Mayberg, 2000）。前頭葉のなかでは，特に背外側前頭前野，腹側前頭前野および眼窩前頭前野において活動性の低下が顕著であるという（Mayberg, 2000）。これらの大脳皮質領域の機能低下は，抑うつ時にみられる認知の歪み，決断不能性や精神運動機能の遅滞化，注意障害といった症状と関連していると考えられる。認知の歪みとは，なにをしても仕方がない，自分の力ではどうにもならないという，うつ病患者に特徴的な否定的認知のことである。いったん，こうした否定的認知に囚われると，当然動機づけは低下して，無気力な状態に陥ってしまう。

3 ── 動機づけ賦活システムの異常と無気力

ドーパミンは，心に火を付ける動機づけ回路のアクティベーターである。ドーパミン・ニューロンの働きが弱ると，動機づけが減退し，無気力が生じることは，さまざまな知見から支持されている。ドーパミン受容体を構成する蛋白質をコードしたマウスの遺伝子をノックアウトし，脳内のドーパミンの働きを阻害すると，マウスは，自発的行動量が極端に低下して，無気力になることが見いだされている（Glickstein & Schmauss, 2001）。先天的無気力ラット（congenital helpless rat）は，学習性無力感（第1章第2節および第3節参照）に陥りやすいラットの交配でつくられたうつ病の動物モデルの1つである。シュメイクら（Shumake & Gonzalez-Lima, 2003）の報告によると，先天的無気力ラットでは，正常ラットと比較してアンフェタミンによる行動覚醒効果が亢進する結果が得られている。この知見は，無気力ラットではドーパミン・ニューロンの活動性が低下しており，そのためドーパミン受容体のアップ・レギュレーションが起きていることを示唆するという。

パーキンソン病は，脳内のドーパミン・ニューロンの特異的細胞死によって起きる，進行性の神経疾患である。ドーパミンは運動回路の主要な神経伝達物

質であり，振戦などのいちじるしい運動障害がパーキンソン病の中核症状であるが，患者は，運動障害だけでなく，自発性が低下して，動機づけのいちじるしい減退を示すことが知られている（Sano et al., 1996）。パーキンソン病では，ドーパミン・ニューロンの欠損によって，運動機能だけでなく，動機づけ回路も障害を受けるからである。

4 ── 動機づけ抑制システムの異常と無気力

うつ病には，セロトニン系の機能不全がかかわっている。セロトニンは，前頭前野や扁桃体，側座核に対する修飾作用があり，セロトニン・ニューロンの働きが低下すると，動機づけ回路の機能も障害を受けると推察される。SSRIという抗うつ薬は，セロトニンのトランスポーターをブロックしてセロトニンを増やす働きがあるが，SSRIを慢性的に投与すると，セロトニン系が正常化され，その結果，抑うつ気分が軽減して，やる気も回復する（亀谷, 2002）。

4　思春期の脳と無気力

思春期は，子どもと大人の間の微妙な移行期である。親の庇護の下で安穏とした生活を送ることができた子ども時代が終わり，思春期になると，自己のアイデンティティを求めて，社会の荒波へと漕ぎ出す準備を始めなければならない。思春期の青少年の心は，荒れやすくなり，ストレスを受けると容易に傷ついて，抑うつに傾いてしまう。それゆえ，思春期のまっただ中にいる青少年にとって，思春期は，後年回想されるような切なくも甘い時代ではなく，アンヘドニアを基調とした「不機嫌な時代」というべきかもしれない（Spear, 2000）。幸福度の調査によると，現在自分は非常に幸福であると回答する比率は，思春期には子ども時代と比較して，50％も低下してしまうという（Larson & Richards, 1994）。

思春期の青少年が無気力に傾きやすい理由として2つの要因をあげることができる。第1は，思春期には，脳の発達からみて，動機づけ回路の活性が低いレベルにあることである。第2に，思春期はストレスフルな時期であり，ストレスに対する反応性も亢進しているために，動機づけ回路を損なう危険性が高

いうことである。以下に，これらの要因を検討してみよう。

1 ── 思春期における脳の発達的変化と無気力

　思春期の青少年は，快に反応しにくくなっており，脳の動機づけ回路は，全般的に不安定で不活性の状態にあると考えられる。冬の寒い朝，まだ暖まっていないエンジンがエンストしやすいように，未熟な思春期の脳の動機づけ回路は，暴走するかと思えば，容易にエンストしてやる気を失ってしまう。

　思春期の脳では，性ホルモンの影響で，性行動を司る視床下部に大きな変化が起きることはよく知られているが，ドーパミン系にも発達的な変化の大波が打ち寄せてくる。思春期に達すると，大人型の脳に変化するために，腹側被蓋野から前頭前野へ投射するドーパミン入力は増強し，一方側座核への入力は弱まる。これにより，ドーパミン入力のバランスは，側座核から前頭前野へとシフトする（Spear, 2000）。このため，腹側被蓋野のドーパミン・ニューロンは，湿った導火線のように，ハートに火をつけることが難しくなる。青少年が，命がけでスリルを求めたり，依存性薬物に走りやすいのも，エンスト気味の動機づけ回路を活性化するには，より強い刺激が必要となるからである。

　ニューロイメージング技法のひとつであるfMRIを用いて，思春期の動機づけ回路不活性説を実験的に検証したのが，ブジョークら（Bjork et al., 2004）である。被験者は12-17歳の思春期群および22-27歳の成人群である。実験では，被験者は，目の前のスクリーンに白い四角のターゲット刺激が提示された時にボタンを押すように教示を受ける。ターゲット刺激提示前にキュー刺激が提示される。キュー刺激は，被験者が金銭的報酬の獲得と損失を示し，獲得を予期するキュー刺激では，ターゲット刺激提示中にボタン押しをすれば，報酬を獲得できる。一方，損失を予期するキュー刺激では，ボタン押しをしなければ，報酬を失う。報酬や失う金額は20セントか5ドルである。報酬の獲得と喪失の予期が脳活動にどのような影響があるか，fMRIで調べたところ，報酬の予期時にはいずれの年齢群においても側座核，島，視床背側部，中脳背側部における活性の増大が観察された。特に側座核の活性度は，報酬の大きさと相関した。しかし，思春期の被験者では，成人前期の被験者と比較して，報酬の予期に対する右半球の側座核－扁桃体の反応は低い値を示し，思春期における

(A)　　　　　　　　　　　　(B)

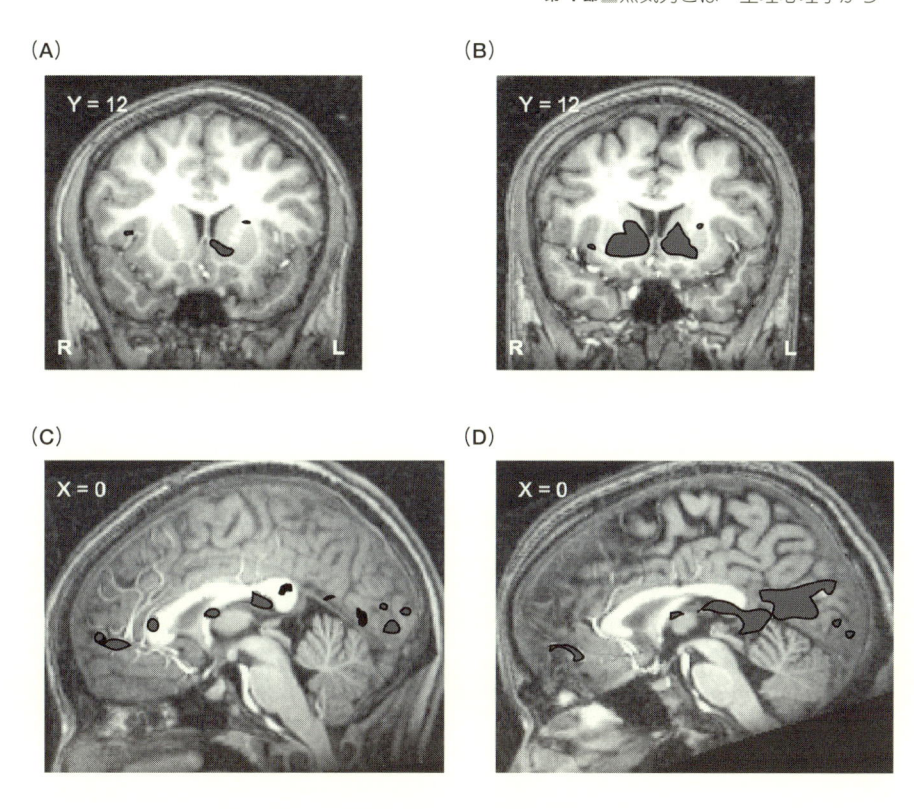

(C)　　　　　　　　　　　　(D)

　　金銭的報酬の予期によって，側座核が活性化する。図中に■■■で示した部位が活性化している。(A)は思春期，(B)は成人。両側の側座核の活動性が高まる成人と比較して，思春期では，片側にのみ，わずかに活動性の増大が見られる。報酬が貰えることを知らされると，内側前頭葉が活性化するが，活性の程度に年齢差は認められなかった。思春期(C)，成人期(D)。

図1-7　金銭的報酬の予期で活性化する脳部位（Bjork et al., 2004）

動機づけ回路不活性説を支持する結果が得られた（図1-7参照）。

2 ── 思春期のストレスと無気力

　思春期に無気力に陥りやすい理由として，思春期に特有のストレスが動機づけ回路を障害する可能性も指摘しておかなければならない。思春期には，発達的なストレスが多く，さらに思春期の脳はストレスに対して耐性が低いことが明らかになっている。

子どもから大人へと移行するための発達的な課題に直面する思春期は,「ストレスの嵐」の中を進んでいかなければならない。思春期は,人生の発達段階の中でも,とりわけストレスの多い時期の1つである（Brooks-Gunn & Attie, 1996; Dornbusch et al., 1991）。親子関係,異性関係,友人関係といった対人関係や学業成績など,日常のさまざまな出来事が青少年にとってストレスの源となる。こうしたストレスの重圧は,再編成の途上で不安定な思春期の脳をいっそう壊れやすくする可能性がある。

ストレスの増加に加えて,思春期には,ストレスに対する反応性が高まることも明らかになっている。視床下部一下垂体一副腎皮質系のストレスに対する反応性は,思春期にもっとも高くなる（Vazqueze, 1998）。移行期にある思春期の脳は,ストレスに対して脆弱であり,いったん強いストレスを経験すると,回復不能なダメージを受けることも少なくない。こうした思春期特有のストレスに対する過敏性により,思春期の動機づけ回路は障害を受けやすく,無気力に陥るリスクも高まると考えられる。

思春期の青少年の生活スタイルもまた,動機づけ回路の機能不全を招いて無気力生じる危険性をはらんでいる。青少年に多い,アルコールや不法な薬物に対する依存がドーパミン系の破綻を招き,重度の無気力を引き起こす危険があることはいうまでもない。

5 まとめ

思春期の移行期に,脳の動機づけ回路の機能が一時的に低下を示すのはなぜだろうか。スペア（Spear, 2000）によると,思春期に動機づけ回路の機能が低下して,アンヘドニックな状態が生じるのは,思春期の青少年を,子ども時代の親からの保護に安住することなく,より広い社会に向かわせる,進化によって獲得された適応的なメカニズムなのかもしれないという。ママライオンの優しいハグや毛づくろいに心地よさを感じなくなった時,オスの子ライオンは,新たな目標を求めてひとり荒野に旅立たざるを得ない。

このように,思春期における一時的な動機づけ回路の機能低下は,親によって庇護された境遇という「楽園」から子どもを追放する,親離れのメカニズム

の1つとして考えることができる。しかしながら，現代の青少年を取り巻く社会環境には，数多くのストレスがあり，そのために，青少年の心に適応機能を越えた病理的な無気力を生み出していると思われる。今後，社会的な状況や文脈における脳機能を研究する社会神経科学（Social Neuroscience）が発展することにより，思春期の青少年の脳と心を社会的文脈の中でとらえる有効なアプローチの確立が期待される。

Column ⑤

無気力とウェルビーイング

　読者は，学校や職場などで健康診断を受けたことがあろう。内科診察，尿検査，血圧検査，レントゲン撮影などをしたうえで，結果が出る。異常なしとなれば一安心，何か異常があれば精密検査ないしは治療を受けることになる。さて，この場合，前者は健康であるとされるが，果たしてそのように言い切れるであろうか。

　健康とは何かを改めて問うと，じつに難しい。異常なしであれば健康，という考え方は，病気がないこと（あるいは不健康でないこと）をもって，健康をとらえている。しかし，異常なしと診断されたからといって，その人が元気で溌剌として，最高に機能しているとは限らない。健康は単に病気がないこと以上のものであるというとらえ方がここで成り立つ。

　身体的健康だけではなく，心理的健康についても，同様である。臨床心理学はその発展の当初から，不安・抑うつなどのネガティブな心理的側面に対して高い関心をもち，焦点を当ててきた。それは，心理臨床の場における切迫した必要性によるものといえよう。なぜならば，精神病レベルあるいは神経症レベルのクライエントにおいては，これらは主訴の中心ともなり，彼らを援助するうえでは，これらのネガティブな心理的側面の軽減は不可欠だからである。こうして，臨床心理学では，病理・異常という観点から，心理的健康にアプローチするのが主流となった。しかし，より広く一般的な対象の心理的健康の回復・増進を考えるにあたっては，ネガティブな心理的側面ばかりではなく，ポジティブな心理的側面，たとえば充実感・幸福感・満足感・生きがいなども忘れてはならない。このように，ネガティブな心理的側面だけではなく，ポジティブな心理的側面からも心理的健康をとらえていくのが，ウェルビーイングの視点である。

　さて，本書の中心テーマである若者の無気力は，不登校，引きこもり，スチューデント・アパシー，ニート（Not in Employment, Education or Training: 仕事をせず，学校にも行かず，職業訓練を受けていない若者）など，さまざまな態様をとり，さまざまな名称で呼ばれるが，いずれにせよ，日々の生活のなかで，充実感がなく，やりがいを感じられず，学習意欲・登校意欲・就労意欲に欠け，将来の目標や進路の展望がもてないことを悩む青少年は少なくない。彼らの心理的健康の回復，社会適応のためには，このウェルビーイングの視点は欠かせないといえよう。

第 2 章
青少年の無気力の実態

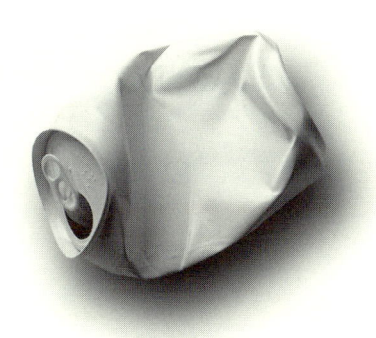

第1節

中学生の無気力

　毎日の学校生活を送っている中学生たちの「勉強に集中できない」「やる気が起こらない」「面倒くさい」といった感情や行動傾向は，けっして特別なものではない。
　しかしながら，学校教育現場の教師たちの実感では，①何を語りかけても反応しない，②一見，落ち込んでいたり学業成績が下降していても，教師の問いかけに「別に」としか答えない，③友達どうし，校庭や街頭で喜々として「遊んで」いることがみられない，④遊びもしないが勉強もしない者が多くなった，⑤「正義派」が減少し，無関心にいじめや暴力の横行を観察している，⑥進路の決定に際し，「自分のやりたいこと」をもっていない子が多い，と報告され，子どもたちの無気力化が危惧されている（小田，1991）。さらに無気力感や無気力状態は不登校やひきこもりといった問題行動における主要な状態像でもある。
　中学生の無気力感や無気力状態は，ごく日常的な生活感情から，不登校やひきこもりなどの問題行動に伴って顕在化するものまで幅広い範囲にわたっており，「単なる一時的なやる気のなさ」や「追いつめられればやるようになる」と楽観視できるものばかりではない。
　以下に，中学生の無気力の諸相について概観してみよう。

1 中学生の無気力とその関連要因

　以前，筆者らは中学生が日常生活のなかのさまざまな場面で感じる無気力感の態様を明らかにした（笠井ら，1995）。その研究では，無気力を「うつ病などの精神病理や器質的要因によって生じるものとは異なる，日常生活のさまざまな場面に意欲の減退を示す状態」とし，またその心理的特性を無気力感と定義して，一般的な中学生がどのような無気力感を感じているかを調査している。以下に研究の概要を紹介しよう。

　調査は質問紙法を用い，「授業・学習態度・テスト有能感」「生活のリズム・疲労・身体不調」「生活（人生）目標・将来の見通し」「達成度・動機づけ・自己効力感」「社会的場面での非能動性・ひきこもり」の5つの領域から10項目ずつ計50項目を調査項目とし，602名の中学2年生を対象に調査を行った。それぞれの項目について，「とてもそう思う（1点）」〜「まったくそう思わない（4点）」の4段階評定で回答を求めた。

　結果を統計的に分析したところ，中学生の無気力感は，①意欲減退・身体的不全感，②充実感・将来の展望の欠如，③積極的学習態度の欠如，④消極的友人関係，⑤無力感・あきらめ，の5つのカテゴリーから構成されることが明らかになった（各カテゴリーの項目は表2-1参照）。

　カテゴリーごとの平均値で比較すると（表2-2），中学生は，毎日の生活のなかでの面倒くささや集中できなさ，身体的なだるさ（意欲減退・身体的不全感）を感じやすい（平均値：2.46）といえる。反対に，友人とのつきあいを面倒くさい，くたびれる（消極的友人関係）といった感じはあまりない（平均値：1.67）。

　さらに，これらの下位カテゴリーは互いに密接に関連していることがわかった（表2-2）。特に関連が強いのは，「積極的学習態度の欠如」と「無力感・あきらめ」との関連である。中学校においては，学業への取り組みや学業成績が1つの重要な価値／評価基準である。それゆえ，学習に対する意欲の欠如は，「いくら努力してもダメなことが多い」「自分の夢がかなうとは思えない」といった生活全般や人生における無気力感やあきらめと密接に関連するのかもしれない。

　他にも，「意欲減退・身体的不全感」と「消極的友人関係」や「無力感・あきらめ」

表2-1 中学生の無気力感尺度（笠井ら, 1996 より抜粋）

カテゴリー名	項目例
意欲減退・身体的不全感	いろいろなことがめんどうくさくなることが多い 疲れて授業中ボーっとしてしまうことが多い 疲れて何もしたくなくなることが多い
充実感・将来の展望の欠如	自分にはやりたいことがはっきりしている* 勉強以外でこれだったら自分にまかせてくれというものがある* 今は目標をもち，それに向かってがんばっている*
積極的学習態度の欠如	定期テストの前は一生懸命がんばる* 勉強でわからないことがあると自分で調べる* 授業のノートは，言われなくてもきちんととるようにしている*
消極的友人関係	友達と一緒にいるとくたびれる 友達と遊ぶのはめんどうくさい 一人でいるのが一番好きだ
無力感・あきらめ	いくら努力してもダメなことが多い 学校の授業についていけない 自分の夢がかなうとは思えない

＊印は，逆転項目を示す。

表2-2 中学生の無気力感の構造

下位カテゴリー名	平均値	男女差		カテゴリー間の相関			
		男子	女子	意欲減退	充実感	学習態度	友人関係
意欲減退・身体的不全感	2.46	2.43	2.48				
充実感・将来の展望の欠如	2.04	1.96 << 2.12		0.08**			
積極的学習態度の欠如	2.22	2.28 >> 2.14		0.21**	0.23**		
消極的友人関係	1.67	1.74 >> 1.62		0.34**	0.13**	0.10**	
無力感・あきらめ	2.13	2.14	2.11	0.34**	0.24**	0.49**	0.27**

・<< は t 検定による有意水準（p<.01）
・** はピアソンの相関係数における有意水準（p<.01）

との間にも中程度の関連がみられた。

　さらに無気力感と日常生活のさまざまな側面と関連を検討したところ，学業成績に対する自己評価，学習時間，仲良しグループの有無，親友の有無などで関連がみられた（表2-3）。学業成績の自己評価は，「積極的学習態度の欠如」「無力感・あきらめ」と弱い相関関係がみられた。学業成績を低いと評価している者ほど，学習へのやる気のなさや取り組みが十分でないと感じており，自分の人生や能力に対する無力感やあきらめを感じやすいことが示された。また学習

表2-3　中学生の無気力感と日常生活状況との関連

	成績の 自己評価	学習時間	仲良しグループの有無 有（1189）　無（183）		親友の有無 2.28 有（993）　無（191）	
意欲減退・身体的不全感	0.12**	-0.12**	2.44	2.54	2.41 <<	2.65
充実感・将来の展望の欠如	0.10**	-0.13**	2.00 <<	2.31	1.95 <<	2.26
積極的学習態度の欠如	0.33**	-0.27**	2.19 <<	2.42	2.18	2.28
消極的友人関係	0.00	-0.06*	1.61 <<	2.11	1.56 <<	1.94
無力感・あきらめ	0.26**	-0.19**	2.05 <<	2.26	2.03 <<	2.16

・<< は t 検定による有意水準（$p<.01$）
・* と ** はピアソンの相関係数における有意水準（*: $p<.05$, **: $p<.01$）

時間は「積極的学習態度の欠如」と弱い相関関係があった。

　友人関係の側面では，仲良しグループが「ない」と答えた生徒は，「ある」と答えた生徒より，「充実感・将来の展望の欠如」「積極的学習態度の欠如」「消極的友人関係」「無力感・あきらめ」を感じている。また，親友がいない生徒は，親友がいる生徒より，「意欲減退・身体的不全感」「充実感・将来の展望の欠如」「消極的友人関係」「無力感・あきらめ」を感じていることがわかった。

　このように，中学生は日常生活のさまざまな側面の無気力感を感じており，それらは学習活動や友人関係などの日常生活の諸側面とも関連があることがわかった。この調査結果からは，中学生の無気力感はそれほど高くなく，多くの中学生が，勉強や友達づきあいに意欲をもち，充実感や満足感，将来への展望などをもって生活しているといえる。しかし，一人ひとりを個別にみると，それぞれのカテゴリー，あるいは複数のカテゴリーで最大値，あるいはそれに近い評定をした生徒がいた。そのような生徒たちは無気力感を抱えながら学校生活を送っており，何らかの援助を必要としていることを忘れてはならない。

2　無気力と不登校との関連

　中学生の無気力が顕在的になるのは，不登校と関連においてであろう。文部科学省が行っている「児童生徒の問題行動等生徒指導上の諸問題に関する調査」では不登校を表2-4に示すような「不登校状態が継続している理由」で分類し，統計をまとめている。平成15年度の統計では，無気力によって不登校状

表2-4　不登校状態が継続している理由（文部科学省, 2003より抜粋）

	理由	具体例
A	学校生活上の影響	いやがらせをする生徒の存在や、教師との人間関係等、明らかにそれと理解できる学校生活上の影響から登校しない（できない）。
B	あそび・非行	遊ぶためや非行グループに入ったりして登校しない。
C	無気力	無気力でなんとなく登校しない。登校しないことへの罪悪感が少なく、迎えにいったり強く催促すると登校するが長続きしない。
D	不安など情緒的混乱	登校の意志はあるが身体の不調を訴え登校できない、漠然とした不安を訴え登校しない等、不安を中心とした情緒的な混乱によって登校しない（できない）。
E	意図的な拒否	学校に行く意義を認めず、自分の好きな方向を選んで登校しない。
F	複合	不登校状態が継続している理由が複合していていずれが主であるかを決めがたい。
G	その他	上記のいずれにも該当しない。

態が継続している（すなわち表2-4のCに該当する）と判断された児童生徒が、不登校児童生徒の約20％を占める（小学生17.7％、中学生20.4％、全体19.9％）。無気力タイプに分類されない生徒においても、さまざまな無気力状態を示す不登校児が少なくない（文部科学省, 2004）。

　保坂と牧田（1995）が、この無気力タイプの不登校児に接したことのある教員（147名）と教育相談員（12名）にアンケートを実施し、彼らの実態を明らかにしようと試みている。欠席中の生活のようすを尋ねたところ、多くの者が一日中家にいて、TVやTVゲームに多くの時間を費やし、勉強はほとんどしない。さらに寝起きの時間も決まっておらず、制約のない生活を送っていることが示された（図2-1）。また彼らの行動傾向を尋ねたところ、約半数の事例で「疲れることを嫌い、自己の興味が中心」（51.1％）、「自己管理・自己抑制が十分でない」（45.7％）、「対人関係を保ちにくく社会性が乏しい」（52.2％）、「基本的生活習慣が身についていない」（59.8％）という傾向が当てはまることがわかった（図2-2）。これらの結果からは、ほとんど家の中で過ごし、好きな時間に寝起きし、疲れること（勉強や友達づきあい）をあまりせず、TVを見たりゲームをしたり自分の興味関心のあることをして過ごしている不登校児の姿

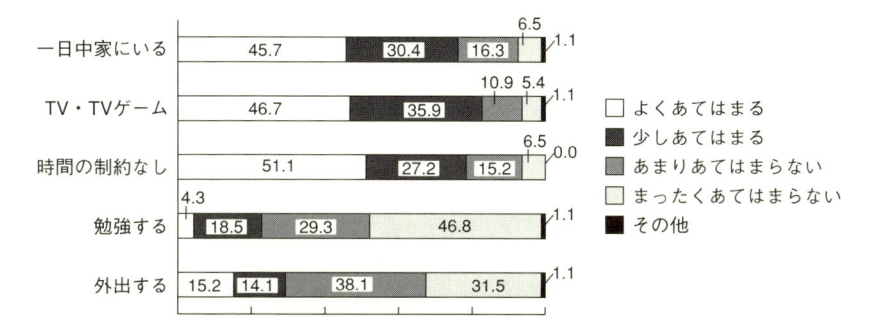

図2-1 無気力タイプ不登校児の欠席中のようす（保坂ら, 1995 より作成）

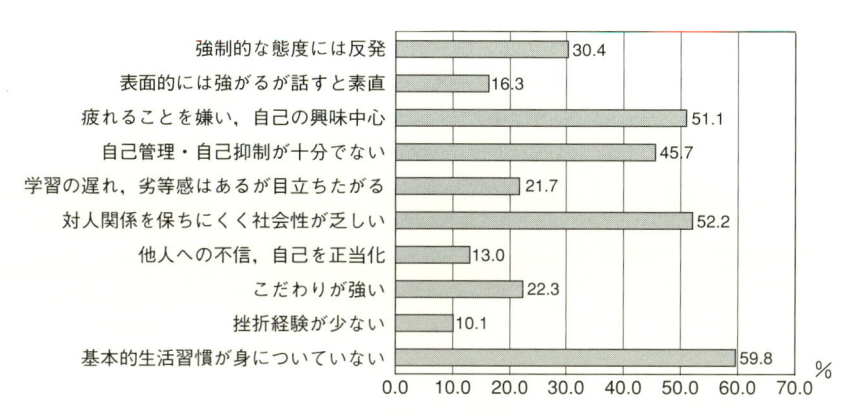

項目	よくあてはまる	少しあてはまる	あまりあてはまらない	まったくあてはまらない	その他
一日中家にいる	45.7	30.4	16.3	6.5	1.1
TV・TVゲーム	46.7	35.9	10.9	5.4	1.1
時間の制約なし	51.1	27.2	15.2	6.5	0.0
勉強する	4.3	18.5	29.3	46.8	1.1
外出する	15.2	14.1	38.1	31.5	1.1

図2-2 無気力タイプの不登校児の行動傾向（保坂ら, 1995 より作成）

項目	%
強制的な態度には反発	30.4
表面的には強がるが話すと素直	16.3
疲れることを嫌い, 自己の興味中心	51.1
自己管理・自己抑制が十分でない	45.7
学習の遅れ, 劣等感はあるが目立ちたがる	21.7
対人関係を保ちにくく社会性が乏しい	52.2
他人への不信, 自己を正当化	13.0
こだわりが強い	22.3
挫折経験が少ない	10.1
基本的生活習慣が身についていない	59.8

が浮かびあがる。

また，このタイプの不登校児は，不登校に対する罪悪感や葛藤が少ないとされ，不登校状態の改善に対する自らの動機づけが乏しく，指導が難しいとされている（宮本ら, 1992）。

このような無気力状態のほとんどは，うつ病などの精神病理から生じるものとは質が異なる。確かに活動性が低くなり，部屋に閉じこもりぎみになって，ごろごろしてばかりいたり，風呂に入ったり，爪や髪の毛を切ったりするのを面倒くさがるようになったりする。また，話しかけても反応がにぶく，興味や関心の幅が非常に狭くなり，喜びや楽しみなどの感情を表に出すことも少なく

なったりする。このような状態のときには、精神科の医師やカウンセラーなどの専門家でも判断が難しい場合がある。しかし多くの場合、これらの無気力状態は一時的なものである。無気力タイプの不登校生徒でも、本人の関心のある活動や本人が安心できる対人関係の場があれば、さまざまなことに意欲をみせることが少なくない。（もちろん割合は少ないが、統合失調症やうつ病といった精神病理の一部、あるいはその初期症状として無気力状態が顕在化していることもあるので、すべてを一時的で軽度のものだと決めつけてしまうのは危険である）。

　むしろ、彼らは学校に関係するもの（勉強、友人関係）、努力を要するもの、評価と関連するもの等を選択的に回避しているようである。その意味では選択的な回避行動をするスチューデント・アパシー（第2章第3節参照）の状態像と類似している。学校、勉強に関するものにはまったく関心を示さないが、唯一の自分の趣味にはこだわりをみせ、意欲的に関与する不登校児もいる。不登校の初期にみられる生活全体におよぶ無気力状態は、学校へ行っていないということが、子どもに大きな影響を与えているために生起するもののように感じられる。多くの子どもたちは不登校になった自らに絶望し、なげやりになり、動けなく（動かなく）なる。あるいは、「させられること」や「がんばること」から逃れ、「何もしないこと」を満喫する。そしてある時間を経て、それを乗り越えると自ら動き出すことが多い。

　また、不登校の子どもたちと接していると、「つまんない」という言葉をよく聞く。これはスチューデント・アパシーにみられるアンヘドニア（快体験の希薄化）に類似する。「何をしたらおもしろくなるの？」「じゃあ、楽しくなることしよう。何がしたい？」と尋ねると、自分が何をしたら楽しいのか、わからなかったり、本人がやりたいということをやっても、すぐに飽きてしまったりする（思ったほどおもしろくなかった）ことがよくある。楽しくするための労力を払おうとせず、そんな労力を払うのだったら、おもしろくないことをがまんしてしまうのである。そして、おもしろいことを誰かに提供してほしいと願っている。このような自己関与しなさや依存性の背景には、自分で決められない「自信のなさ」があるように感じられる。

　もう1つ、無気力を伴う不登校児群がある。もともと、表現力や行動力が高

くない子どもたちである。引っ込み思案で，自分から何かを主張したり，動き出したりすることがほとんどない。生育暦を尋ねると，ある時期から，あるいはある出来事をきっかけにして，このような状態になったというのではなく，小さいころから自己主張が少なく，受け身的に活動していることが多い。行動的にペースがゆっくりであり，不器用だったりすることも多い。誘われなければ，自分から仲間に入ってくることも少なく，ごく限られた友人関係のなかで，TVゲームやアニメなどのごく一部の興味関心でつながっている。

このような子どもたちはとにかく活力が低い。何でもいいから熱中してやる，思いっきりやるという感じがない。感情表現も少なく，笑ったり，喜んだり，怒ったりすることも，あまりはっきりと伝わらない。いっしょにいると，「楽しいのかな？」と疑ってしまうこともある。別のいい方をすれば，何を考えているか「よくわからない」ところがある。一般の中学生と比べて，できないことが多いし，やろうとしないことも多い。考えたり，話したり，表現したり，運動したり，さまざまなことのペースが遅いので，まわりについていけないところがあり，あきらめてしまうのかもしれない。このタイプの子どもたちは，自分からの主張や行動が少ないので，まわりからは受け身で無気力とみられてしまうことが多い。筆者の経験上，このタイプの不登校児は割合としては多くないが，確実に存在し，かかわりにも苦慮することが多い。

3 中学生の無気力を考える際の留意点

中学生の無気力感や無気力状態，さらにそれらへの対応を考えるとき，前章で基礎的な理念にもとづきながら考察された原因や影響を及ぼす要因ばかりでなく，中学生という時期の特殊性を考慮に入れる必要があるだろう。中学生という時期は，学校生活や対人関係，社会との関係などにおいて，多くの変化や対応しなければならない課題がある。それらは中学生の感情や生活全般に影響を及ぼし，無気力とも無関係ではない。

無気力感や無気力状態と関連すると考えられる要因について考えてみよう。

1 ── 身体的変化

中学生の時期は，思春期まっただ中という子どもも多い。急激な身体的変化が現れる時期である。ホルモンのバランスなどが乱れ，毎日の多忙な生活を意欲的に送っていける身体的状態を，いつでも保っていられるわけではない。また，そのような身体的変化に対する不安や葛藤も，勉強や他の活動へ向けられる意欲をそぐこともある。体型を気にしてダイエットをしているため，十分な食事をとらない女生徒もおり，体力的にも十分な活動できる状況にない場合もある。

2 ── 生活の忙しさ

中学生は学校での学習や部活動に加え，塾や習いごとなど非常に多忙な生活を送っている。放課後に友達とおしゃべりする時間も欲しいし，帰宅してからもテレビやマンガを見る時間も欲しい。宿題もしなければならない。このような多忙な生活は，生活習慣や生活リズムの崩れ，身体的疲労などを生じさせやすい。

睡眠不足や慢性的な疲労状態からは，気力や活力は湧いてこないだろう。また，夜更かしなどの生活習慣の乱れから，きちんと朝食をとらない生徒もおり，それらの生徒は朝からボーッとしていることが多い。

3 ── 友達関係

中学生にとって友達関係は，非常に重要なものである。それまでの親や教師に代わって，友達や友達グループが中心的な準拠枠となる。特に仲良しの友達グループは，女子中学生の学校生活の上で非常に重要な役割を果たしているようだ。グループに所属していることは，グループの他の友達と生活のなかのさまざまな活動や話題を共有し，多くの時間をいっしょに過ごす自分の居場所が確保されているという意味がある。

ところが，ときとして友達グループとの関係が非常に困難な状況を招くことがある。グループからはずれないように，自分の考えとは違っても，無理をしてグループの考えに合わせたり，グループから期待される役割を果たさざるを得なかったりすることがある。常にグループの人々に気をつかい，自分の主体

性を発揮せずに生活するのは，心身ともに疲れる状況である。さらにグループからはずされてしまった場合は，まさに自分の居場所がなくなるわけである。強度の不安や混乱，ときには絶望，抑うつ感などを感じることもある。

4 ── 進路選択

　中学生は人生の選択を迫られる時期でもある。義務教育である中学校を卒業した後に，どのような人生を送っていくかを，自らの責任で選択していかなければならない。その際には，自分が将来どのような生活を送りたいと思っているのか，自分の適性は何か，将来の生活を実現するためにはどのような手段があるのか等を考えていかなければならない。この選択は，はっきりとした答えが得られるわけではなく，自信がもてない。ついつい選択を先延ばしにしたり，そのことについてあまり考えないようにしたりする。ときには自分の主体性を放棄し，親や先生の奨める選択肢を自分が選択したかのように受け入れる場合もある。

　また，親や教師の過剰な期待も，それに応えきれない子どもを無気力にさせることもある。子ども自身の能力や学力をはるかに超えた期待は，子どもに不安や無力感を経験させることになる。

　また，受験という進学先選択の方法も，中学生の無気力と関連すると考えられる。近年は，学業成績ばかりでなく，中学校時代のさまざまな活動や自己推薦などが合否判定基準として加えられるようになったが，そうはいっても学業成績によって行ける高校が決まるという構図にさほどかわりはない。子どもたちは合格した学校によって（少なくとも，学業成績において）序列化されてしまうのである。学業成績の低い中学生のなかには，早い段階から「どうせ自分はこの程度」といった劣等感をもち，将来に対する無力感やあきらめへとつながっていくこともある。

　ここには，社会的な要因も含まれてくるだろう。たとえば，現代の社会では，将来の目的や理想をもつことが難しいといった指摘もある（松原，1991）。高校を中退して定職につかずにアルバイトをしている先輩は，そこそこ楽しそうにやっているし，大学を出ても就職できずにいる人もいる。いい会社に入っても，リストラされるということも聞く。目標をもって努力する価値がどれだけ

あるのか、アルバイトでも何とかなるだろう、と思ってしまうこともあるのではないだろうか。

　これまでみてきたように、中学生は友達関係、進路選択など、つねに大きな課題を抱えて生活している。しかもそれらの課題が中学校の3年間という比較的短い期間に集中して行われるので、身体的にも精神的にも多忙をきわめる。しかもこれらの課題を回避することは好ましくない。子どもによっては、このような状況は自分のキャパシティーをはるかに超えた状況であり、そのような状況に置かれると、動かなく（動けなく）なる、あるいはあきらめてしまうことで、その状況を回避、あるいは問題として顕在化しないようにしようとしているのではないだろうか。

　先にも述べたように、筆者は中学生の無気力のほとんどは、病理性などを含むものではなく、発達過程に生じる一時的なものであると感じている。そして、それぞれの子どもたちにとって、無気力状態になり、一時的にいろいろな制約やしがらみから解放される意味や必要性があるわけである。よって、不登校や引きこもりになったからといって、それで将来が決まってしまうというような偏った認識を与えたり、無気力状態から脱出させるために過度の不適切なプレッシャーをかけたりせず、本人が自分の判断で主体的に動き出せるような、よい形での無気力状態を経験させてあげることが、中学生期の、そしてそれ以降の発達を促進するうえで重要なのではないかと考えている。

Column ⑥
スクールカウンセラーの立場からみた無気力

　まず、スクールカウンセラー（以下、SCと略す）とはどのようなものか。1995年度から、文部省（当時）は、いじめや不登校の増加などに対応するために、学校におけるカウンセリング機能の充実を図ることを目的としてSCの導入を始めた。SCの活動は高く評価され、その後、配置数が増加傾向にある。業務内容は、①児童・生徒へのカウンセリング、②教職員および保護者への助言・援助、③児童・生徒のカウンセリングなどに関する情報の収集と提供、④その他、学校において適当と認められるもの、があげられる。ただし、各学校のニーズによって、その内容は異なる。SCは、相談室でじっと相談者が来るのを待っているのではなく、学校のニーズを把握し、自分ができる活動を積極的に提示し、そのニーズに答えることが重要となる。また、一人で活動をするのではなく、連携が重要となる。校内においては、SCを学校内の校務分掌のなかに位置づけ、学校システムを整え、他の教員と協働・連携を図ること、校外においては、他機関と連携をとることが重要となる。

　相談内容はさまざまであるが、無気力という観点からみると、無気力タイプ（p.63-64および表2-4参照）といわれる不登校のタイプ（文部省, 1998）の相談は近年増加傾向にあるといえよう。他には、無気力で何もやる気がない児童・生徒で、教員や保護者は何とか本人とかかわりをもちたいがもてず、SCへの来談動機も低く、本人自身が自分の悩みを悩めない状態にある、という児童・生徒への対応などがあげられよう。

　では、具体的対応はどのようなものか。スクールカウンセリング活動は、全児童・生徒が対象である。よって、このような来談意欲の低い児童・生徒へのかかわりを工夫・配慮することは学校側から求められることが多い。このニーズへの対応の一例として、①お便りやポスターによる来談の呼びかけ、②心理学に関する図書等の情報の提供、③相談室に来室したことがない児童・生徒や、SCの存在自体をよく理解していない児童・生徒との関係性をつくるために、校内巡回し、声かけ等を積極的に実施、④チャンス相談（校内巡回のときといった、偶発的な接触の機会を意図的にとらえて活用する相談形式）の活用、があげられる（伊藤, 2004）。こうして、まずは本人との関係性を築くことを主とし、学校という場の特徴を活かして活動することが有効といえよう。

　無気力型の不登校であれば、本人が直接自主来談するケースは少ないため、保護者との面接を継続して実施したり、家庭訪問をしたり、本人の興味・関心のあるものを媒介として関係を築いていき、登校を目標とするのではなく、本人にとってのベストなあり方を将来展望を踏まえてじっくり考えていくことになる。

第2節 高校生の無気力

1　蔓延する青年期の無気力

　現代青年の特徴をとらえる言葉として「三無主義」「四無主義」（無気力，無感動，無関心，無責任）が唱えられるようになって久しい。特に，無気力に関しては，ウォルターズ（Walters, 1961）が，スチューデント・アパシー（第2章第3節参照）と称して，「男性性確立に葛藤をもち，予期される敗北や失敗を恐れ，学業における競争を回避しようとする反応」とする大学生の固有の無気力を取り上げて以来，わが国の大学生でも同様の傾向が指摘され（笠原, 1977; 佐治, 1981），多数の研究がなされている。スチューデント・アパシーの状態像や定義にも研究者によって若干の差異が認められるが，そのなかでも共通して取り上げられる特徴は，①狭義の精神障害を含まず，主として心理的な原因から生じる，②敗北や挫折といった困難が予想される場面を回避する一方で，その他の領域では活動的な場合もある（無気力が選択的であり，そうでない者は重症），③アイデンティティ確立に関する葛藤を抱えている者が多い，④主として男性に多くみられる現象である，といったことがあげられよう。

　そもそもアパシーという用語は，ギリシャ語源で「感情がなくなること」を意味しており，それが精神医学において，無表情，無関心，無興味に，自発性，能動性の低下が伴う一定の症状の型を示すのに用いられ，さらには現代青年一般の心理的特徴を拡大，戯画化する形で転用される（小田, 1991）ようになった経緯がある。こうした傾向は大学生といった青年期後半に属する者だけで

なく,「無気力の低年齢化」という形で多くの専門家が指摘(松原, 1991; 楡木, 1991)しており,文部省(当時)は昭和56年に「意欲的な生活態度を育てる生徒指導－中学校編－」を編集している。その一方で,就職が決定しても前向きな意欲に欠け,職場不適応に陥る社会人に対し「サラリーマン・アパシー」という言葉が用いられたりするように,下は中学生から上は大学卒業後の社会人でさえ意欲の低下が指摘され,現代はさながら無気力が青年期全般に蔓延している時代といえよう。

しかしながら,青年期の各段階において一貫性を有する特徴,さらには青年期の各時期における無気力の質的な差異および特徴的な事象については十分な言及がなされていないように思える。そこで本節では従前多くの指摘がなされてきた大学生との比較を念頭に置きながら,高校生の無気力の現状を指摘するとともに,それがいかなる特徴や心理的な意味を有するかを筆者なりの体験もふまえながら検討してみることにしたい。

2 無気力な高校生はどこに見受けられるか

それでは高校生の無気力とは,主にどのような場面で見いだされ,いかなる形で表れているであろうか。前出の小田は,広範にわたる少年のアパシー傾向を整理し,狭義の精神障害に属するような「アパシー中核群」以外に,不適応として浮かびあがった事例を以下のように類型化している。それは,①不登校児,②学業不振児,③心身症的な表現を示す少年の一部,④薬物濫用,非行,その他の行動を示す者の一部,⑤神経症的な行動を示す者の一部,⑥対人関係の困難を示す者の一部,である。ここで指摘された事例は,高校生に限定されてはいないが,無気力な状態にある者の範囲や対象を概観するうえで参考になる。特に注目したいのは,不登校といった,いわゆるひきこもりというような活動水準の低下がイメージされる一群から,夜の盛り場等を闊歩し,規範を逸脱した行為に走る非行少年までにも無気力が認められることである。その現象は単純でなく,きわめて多様なことがうかがえる。確かに,非行少年にかかわってきた筆者の経験でも,夜な夜な暴走行為に熱中したり不良集団に所属し粗暴非行を重ねたりする少年たちも,個別に面接してみると,「特にやりたいこ

とも見つからないし,とりあえず同じような（状況にある）仲間と遊んでいる」といった，今後の目標が見つからず，不良交遊という形で時間を浪費しているといった印象を抱かせる者が少なくない。

こうしたさまざまな領域・対象に見受けられる高校生の無気力で特徴的なこととして第一にあげられるのは，「自我親和的」なことであり，これはスチューデント・アパシーでも共通している点である。すなわち，無気力状態にある学生は留年等の現実的な問題が差し迫っていても切実な危機感が感じられないように，不登校を続けていても一見ケロリとし（小田, 1991），勉強や学校教育のあり方に反抗するわけでなく，そうしたことに無関心のように映る（鑪, 1990）一群であり，大人の助言・援助を求めようとしない。非行少年においてもこのままではまずいという認識は漠然ともっているものの，現状を打開しなくてはという切迫さが感じられない一群が非常に多い。彼（彼女）らは，現状に疑問や不安はもちつつも，問題解決や自らが変化することを回避・先延ばしにしている一群といえよう。

3 現代のフリーターにみる高校生の無気力

問題解決の回避という視点からとらえると，小田が①〜⑥までにあげた不適応に陥った事例に加え，現代のフリーターにも高校生の無気力の実態が象徴的に反映されていると思われる。フリーターという言葉は1987年の「フロム・エー」という雑誌で使用されたのが最初とされており，「年齢が15〜34歳であり，現在勤務している者については勤め先における呼称が「アルバイト」または「パート」の雇用者で，男性については継続年数が1〜5年未満，女性については未婚で仕事を主にしているもの」（労働白書平成12年度版）と定義される（後藤, 2003）。フリーターそのものは高校生に限定されたものでなく，その範疇はきわめて広いが，職業観や選択のあり方の特徴については現代の高校生の心性をうかがい知るうえで有効である。

まず具体的な統計資料を概観すると，平成15年度版青少年白書によれば,15歳から19歳までの失業率は平成14年に16万人に達し，29歳以下の失業者中の比率も平成2年時の6.6％という数値から12.8％へと上昇している。また,

いったん就職した仕事への定着率も低く，同年の青少年白書をみても高校卒業者の卒業後3年以内に約半数近くの者が離職しており，その理由も約8割が「個人的な理由」からである。この数値は実質的には高校生に該当する中学卒業後3年間の離職率ではさらに顕著となり，実に7割近くの者が離職に至っている。青少年白書にみる失業率および離職率は，青少年のおおまかな特徴の一断片にすぎないが，高校生世代の意欲の減退を示す一指標となろう。さらに平成15年の労働経済白書ではフリーター人口は200万人を上回り，平成14年の労働力調査によれば，学校に行くわけでもない，家事手伝いをするわけでもない，かといって仕事を探すことさえも放棄してしまった，フリーターにさえもなれない若者が64万人にも及ぶといった危機的な状況も報告されている。

　こうした現代の青年の相当数を占めるフリーターに対する分類がされている（表2-5）。下村（2003）が行った分類を総括すると，①将来就きたい職種があり，そのために一時的にフリーターという選択をしている者（自己実現型，夢追求型等），②漠然とした将来の目標はあるが，具体的な取り組みはなされておらず，不安を抱きながら現状に甘んじている者（将来不安型，憧れ・夢見て足踏み組み等），③明確な目標が定まっておらず，将来の採用についても消極的な者（非自発型，フリーター継続型，モラトリアム型，暗中模索型，ボヘミアンリーダー型等），といった群に大別できるように思われる。現在，フリーターとよばれる範疇に属する者のうち，②および③に区分される者が何らかの無気力な状態に陥っていると推測されよう。そして，職業選択や働くことへの姿勢・考え方といったアイデンティティに関する問題が無気力と密接につながっていることの一端を示しているようにも思われる。

　こうした働くことへの価値観や意味づけの問題を高校生に限って考えてみよう。文部科学省による「高校生の就職問題に関する検討会議報告」（2001）によれば，フリーターを志向する生徒のなかで，将来の明確な将来の目標を掲げている者の他に，卒業後も就職も進学もせずに一時的・臨時的な就業を希望する者，無気力で進路にまったく希望をもっていない者，学校の進路指導に乗らず，希望さえも把握できない生徒も増加傾向にあるという。こうした傾向は高校生側の主観的な世界だけでなく，彼（彼女）らを雇用する側からも指摘されている。高卒就労者に対する企業の評価として，一般常識，態度・マナー，コ

表2-5　各調査にみるフリーターの類型化（下村，2003より抜粋）

● 労働省（2000）

リクルートリサーチ社の調査をもとに，フリーターの現在の意識面から5つに分類
　自己実現型：フリーターを辞めて定職に就きたいと考えている者のうち，定職に就くための具体
　　的な取り組みをしている者
　将来不安型：フリーターを辞めて定職に就きたいと考えている者のうち，定職に就くための具体
　　的な取り組みをしていない者
　非自発型：「将来不安型」のうち，正社員として採用されなかったり正社員として採用する見込
　　みがないと諦めた者
　フリーター継続型：フリーターを辞めて定職に就きたいと考えていない者

● 日本労働研究機構（2000）

フリーターとなった契機と当初の意識に着目して3つに分類
　夢追求型：特定の職業に対する明確な目標をもっていてアルバイトをもっていてアルバイトをし
　　ている者
　モラトリアム型：フリーターとなった当初に，明確な職業展望を持っていなかった者
　やむを得ず型：労働市場の悪化や家庭の経済事情，トラブルなどの事情によってフリーターとなっ
　　た者

● リクルート・フロムエー（2000）

フリーターの現在の状況を自分の将来のビジョンが見えているかどうか，自分の将来に向けて具体
的にアクションを起こしているかどうかで分類
　暗中模索組：現在，自分でも何をやりたいのか分からないという状況にある者
　現状満足組：現在のフリーター生活に快適さと満足度をかなり感じてしまっているもの
　憧れ・夢見て足踏み組：やりたいことのイメージはあるが，具体的な手だてを講じていない者
　トライ＆ステップアップ組：やりたいことを目指して仕事を辞めた者や暗中模索の時期を経て次
　　なるステップに踏み出したもの

ミュニケーション，基礎学力について不満があることに加え，職業観・勤労観が未成熟であり，自分で志望する事業所等を選択できず，自分の進路に対し希望ももっていない生徒が少なくないといった厳しい指摘がなされている。さらに職種，企業，勤務条件についてのこだわりが強く，自分の希望が満たされなければ定職に就かなくてもよいとしたり，一度の失敗で就職をあきらめたりする生徒も少なくないことがあげられており，就労という一生を左右する問題に対し，消極的・回避的な高校生が多く，しかも，かなり利己的とも思える考えに固執しがちなこともうかがえる。

4 フリーター志向の背景にある諸要因

　では，こうした現象はなぜ生じるのであろうか。もちろん，高校生ばかりに非があるわけではない。高校生が自らの人生における重要な選択において意欲的になれず，回避的な態度を取りがちなことは現代という時代の反映・縮図ともいえる。不景気に伴う，高卒者への急激な求人減少の反面，一時的・臨時的雇用の増加，終身雇用から必要な人材を必要なとき必要なだけ採用し，その能力に応じた処遇（待遇）を与えるといった企業の採用形態の変化，高卒者の対象であった職域に大卒者が進出（侵食）するといった採用層の変化，さらにはすでに就業経験をもち，一定の知識・技術をもつ者と新規卒業者が採用を争わなくてはならないといった，厳しい現実への１つの反応として無気力があるといえよう。さらには，リストラ，企業の不祥事などがマスコミによって数多く報じられるなかで，若松（2003）の言葉を借りれば，「子どもや若者が夢をもてない」時代ともいえる。

　自らの将来について明るい希望が見えない，あるいは見えそうもないように感じやすいなかで，高校生の社会的態度も変化し，選択の回避や延期としてフリーターという生き方を続ける，あるいはフリーターにもなれない若者が増加する一因になっていると思われる。すなわち，社会的態度の研究で従来指摘されてきた保守的態度でも革新的態度でも大衆社会的な態度でもない，私生活主義というものが，青年のなかでいっそうの強まりをみせていると思われる。後藤（2003）によれば私生活主義とは，自分自身と身近な事象への関心，社会的事象への無関心と，自分の感覚や実感の重視を特徴とする。つまり，私生活をいかに充実させるかには大きな関心やエネルギーを注ぐ一方で，自分の生活に直接かかわらない他者や社会的政治的な出来事には無関心であり，成り行きまかせであるとともに，他者の考え方を尊重するよりは，自らの感じることや独自性，個人の利益を尊重するといった内容を指している。こうした私生活主義の浸透は，現代青年を理解する１つのキーワードといえよう。

　こうした利己的で私生活を重視する考え方は卒業を控えた高校生の進路意識にもはっきりと表れている（表2-6）。たとえば，高校卒業後フリーターを志向している者は，「自分が合わない仕事ならしたくない」「１つの仕事にとどま

表2-6 卒業直前の予定別進路意識（2000年）(日本労働研究機構，2000)

	第1位	第2位	第3位	第4位	第5位
自分に合わない仕事ならしたくない	フリーター 3.46	大学決定 3.35	専門決定 3.34	就職未定 3.26	就職内定 3.19
一つの仕事にとどまらずいろいろな経験をしたい	フリーター 3.22	専門決定 2.86	大学決定 2.85	就職内定 2.85	就職未定 2.82
専門的な知識や技術を身に付けたい	専門決定 3.80	大学決定 3.54	就職内定 3.34	フリーター 3.21	就職未定 3.16
人よりも高い収入を得たい	就職内定 3.21	大学決定 3.19	専門決定 3.15	フリーター 3.07	就職未定 3.06
人の役に立つ仕事がしたい	専門決定 3.27	大学決定 3.25	就職内定 3.18	就職未定 3.08	フリーター 2.93
安定した職業生活を送りたい	大学決定 3.25	就職内定 3.62	専門決定 3.52	就職未定 3.52	フリーター 3.28

各質問項目を「とてもそう思う」4点〜「全然そう思わない」1点の4件法で尋ねた平均値

らずいろいろな仕事をしたい」といった自己の好み，都合を重視した結果が出ている。その一方で，「人の役に立つ仕事がしたい」といった他者への配慮や社会への貢献という側面には関心が薄いことが明確に表れている。高校生は実際にフリーターとなる以前から私生活主義的な社会的態度を形成しており，卒業後もそうした考え方を変化させることなく，アルバイトもしくは厳しい雇用状況下で無職という形で将来の生き方を暗中模索しているといえよう。

5 現代高校生における無気力に関する心理学的な考察

これまで主としてフリーターという現代的な現象を通して高校生の無気力の実態をみてきた。そこには自らの将来に希望をもちにくいという社会的な背景に加え，社会的態度における私生活主義への偏重といった要因をあげた。こうした現象をさらに深く理解するために青年心理学の側面から考えてみたい。

まず，なぜ将来の進路を考えるうえで，高校生を含めた現代の若者は私生活主義に走り，他者や社会への配慮を軽視しがちなのだろうか。この現象の心理的な理解をするために，筆者はサリバン（Sullivan, H.S.）の青年期理論が有効と考えている。すなわち，青年期に達する以前の「前青年期（10歳前後）」にチャム（chum）とよばれる同性の仲間との親密な関係を築くことが後の円熟

した人間関係，特に異性関係の形成に大きな影響を及ぼすことを，サリバンは独自な青年期のとらえ方によって強調している（阪本，1976）。前青年期に同性との親密な関係をもつことは，サリバンの言うところの「愛の能力」の初期形態であり，こうした関係をもつことで初めて人間は欲しいものを得るために何をすればよいかという段階から，親友に幸福や充実感や自信を与えるためには何をすればよいかに目を向ける段階に到達すると考えている。他方，その時期に他者との協同関係を築けないまま経過すると，人格は非常に利己主義的な段階に固着し，後の異性への接近に困難や劣等感が生じ，それが重篤な場合には妄想形成の主要因にもつながるという。サリバンの理論は，あくまで後の発達上の課題である，異性と親密な関係を築くために通過すべきハードルとして前青年期の理論を用いているが，現代の青年の利己的で自分の好き嫌いを重視し，他人のことに無関心で社会のために自分の可能性を試そうとすることに回避的・消極的な姿勢を示すことも，サリバンの青年期理論を用いて対人関係の発達上の障害という観点からとらえ直すことが可能と思われる。すなわち，少子化ならびにファミコン等のひとり遊びのできる道具の普及により，彼らは同性の親友と十分に時間を共有できず，利己主義的な段階にとどまった状態で，青年期後半の将来の進路を考え始めなくてはならない時期にきてしまったと考えられる。進路選択に際し，フリーター等の正業に就くことに回避的な者に，利己的な考え方が目立つが，その背景には，これまでの未熟な対人関係から脱却して大人としての対人関係を築く段階への移行に対しての劣等感や自信のなさが内在しているのかもしれない。あるいは，そうした弱い自分を露呈しないために，「無理して傷付くことなく生きるためのサバイバル技術（小田，1991）」を用いているといえるのではないだろうか。

次に青年期の心性を理解するために欠かせないのが，エリクソン（Erikson, E.H.）が提唱した心理社会的モラトリアムの考え方がある。エリクソンは個体発生分化説（暫成説という言葉も用いられる）によって人生の生涯発達を8つの段階にとらえ，各段階に発達課題あるいは課題を達成するために心理社会的な危機を経験すると考えている（鈴木，1982; 鑪，1990; 表2-7参照）。そして思春期・青年期の心理社会的な危機としてエリクソンがあげているのは，アイデンティティ 対 アイデンティティ拡散である。この段階において，これまで出

会った他者を理想化したりそれに失望したりするプロセスをくり返すなかで，「真の」自分自身とは何か，自分がこれからどこに行こうとしているのかといった自己に関するストーリーが徐々に明確になってくるわけであり，そこで真の孤独も味わうことになる。しかし，この段階で孤独に耐え切れなかったり将来自分をかけるべき対象が見いだせなかったりするとき，主体的な自己決定を回避するようになり，自分自身がわからない状態に陥るのが「アイデンティティ拡散状態」である。すなわち，「すべての可能性を残しておくために，すべてに深く関与しない」(鑪, 1990)状態である。これはなにも高校生に限定されるわけではないが，青年期に何らかの形で無気力に陥った若者をとらえるとき，アイデンティティ拡散状態ととらえると理解しやすい (笠原, 1973; 馬場, 1976; 福島, 1981 など)。筆者 (鉄島, 1991, 1993) もかつて大学生を対象として一般学生の無気力傾向の主要要因を分析したが，その調査においてもアイデンティティや進学動機は無気力と大きくかかわっている結果が得られた。高校生においても若干の年齢的な差異はあるものの，アイデンティティ確立にかかわる問題を抱えていると考えるのは無理のない推論であろう。

さらにエリクソン理論の卓越した点の1つにモラトリアムの考え方がある。

表2-7 個体発生分化の諸領域 (鑪, 1990を一部改変)

段階	心理・社会的危機所産	人格的活力（徳）	重要な対人関係の範囲	心理・社会的行動様式
I	信頼：不信	望み	母及び母性的人間	得る，見返りを与える
II	自律心：恥，疑惑	意思	両親的人間	つかまえ，はなす
III	自発性：罪悪感	目的感	核家族的人間	ものにする（まねる），らしく振る舞う（遊ぶ）
IV	勤勉性：劣等感	有能感	近隣，学校内の人間	ものを造る（完成する），ものを組み合わせ組み立てる
V	アイデンティティ：アイデンティティ拡散	忠誠心	仲間グループ，グループ対グループ，リーダーシップのモデル	自分になりきる（あるいはなれない）他人が自分になりきることを認め合う
VI	親密性：孤立	愛情	友情における相手意識，異性，競争・協力の相手	他人の中に自己を見出す，見失う
VII	世代性：停滞性	世話（はぐくみ）	分業と持ち前を生かす家族	存在を生む，世話をする
VIII	統合性：絶望	知恵	"人類""私のようなもの"（自分らしさ）	一貫した存在を通して得られる実存，非存在への直面

一人前の大人になる前に，大人として当然もつべきとされる責任や義務を一時的に免除され，さまざまな役割実験を行なうことによって真の大人になるための準備をする時期のことをモラトリアムとよぶ（福島，1992）。現代風に表現するのであれば「自分探し」に相当するであろう。このモラトリアムの考え方は広く浸透し，将来の自分が見えず混乱している若者にとっては一筋の救いになったはずであるし，一見無気力で無為な毎日を送っているような若者の援助にあたる者にとっては，現状を肯定的にとらえ直し，対象者を単なる怠け者というレッテルを貼らずにさまざまな可能性を探っていこうとする姿勢がもてるようになった。

　しかし，この「自分探し」について興味深いデータがある。先にあげた2001年の日本労働研究機構の調査によれば，フリーター経験から得たものを若者に尋ねた場合，「やりたい仕事に直接役立つ能力が身についた」は15.7%，「やりたい仕事がはっきりした」は14.5%，「やりたい仕事に就く人脈やチャンスを得た」は11.8%という数値が示すように，さまざまな役割を試行錯誤によって自分の進むべき道が明確になり，意味ある「まわり道」であったと振り返っている者の割合は思いのほか少ない。そして，フリーターを辞めた理由として上位にあげられているものを順にあげると，「正社員の方が楽だから」（51.8%），「年齢的に落ち着いた方が良いと思ったから」（37.4%）であり，「やりたいことが見つかったから」と答えた者はわずか2割程度にとどまっていた。従来，心理学者を中心に，フリーターもしくは社会に出ることを先に延ばそうとする若者をどちらかといえば擁護する立場をとることが多く，ひきこもりともいえる状態についても「創造的な退行」（河合，1977）と表現した臨床家もいる。そうした考え方を筆者は全面的に否定するつもりはないが，少なくとも「自分探し」を口実に働くことや主体的な進路選択を先延ばしにしている側面は否定できない。さらに「自分のやりたいこと」のないフリーターのことを，将来の夢をもっているフリーターたちは一段格下げする（日本労働研究機構，2000）ことで不安定な心情になるのを回避している機制もうかがえる。卒業を間近に控えた高校生も，求人数の少なさ，けっして高くない学業成績・生活態度の自己評価などの厳しい現実を意識せざるを得ないなかで，正社員として自分の力を試すことをあきらめ，その一方で自分には夢（「やりたいこと」）があるとい

った主観的な価値観に必死にすがることで同様に心情の安定を図っているものと考えられよう。

1つの価値観にすがって他の考え方を受け入れようとしないタイプについて，エリクソンのアイデンティティ達成の度合いを，危機の有無，積極的関与の有無から分類したマーシャ（Marcia, J. E.）の理論が参考になる（表 2-8）。そこで早期完了型または「予定アイデンティティ（forecloser）」とされる段階にある者は，親の価値観やイデオロギーを素直に引き受け，予定された道を自分の道として突き進もうとするタイプであり，その特徴には，ある種の硬さ，融通のきかなさ（永江, 2000）があるとされている。このマーシャの分類法は，わが国でも追研究（無藤, 1979）が行われ, 以降は多くの青年心理に関する分析・研究で引用されている。最近では早期完了型をさらに細分化してとらえる研究もみられるようになり，それだけ早々に自分の生き方を決定するタイプが一見悩みや不安等とは無縁に思える青年の一群を理解する1つの鍵概念ともなっているように思われる。

杉原（2004）のあげるところでは，アーチャーとウォーターマン（Archer, S. L. & Waterman, A. S.）は，早期完了型のなかで,「閉ざされた早期完了型」「早期に形成された早期完了型」といったタイプをあげている。これらのタイプは他の可能性を検討することが必要であれば，モラトリアム型に移行可能な柔軟性をもっている「オープンな早期完了型」に対し，相容れない価値観や目標に対して防衛的な反応をして，それが通用しなくなると情緒的に混乱してしまうという一群である。

表 2-8　マーシャのアイデンティティステイタスの4類型（鑪, 1990; 永江, 2000 より作成）

アイデンティティ ステイタス	選択と決断の迷い 苦闘の経験	人生の重要領域での 積極的関与
アイデンティティ達成型	すでに経験	している
モラトリアム型	現在経験している	あいまい，積極的に傾倒しようとしている
早期完了型（予定モラトリアム）	経験していない	していない
アイデンティティ拡散型	すでに経験（危機後拡散）	していない
	経験していない（危機前拡散）	していない

また，前出の杉原によれば，クロガー（Kroger, J.）が，変化に対して抵抗を示すような両親像に支配されており，内在化された両親像から離れることに分離不安や飲み込まれ不安を示す一群として「硬い早期完了型」をあげているが，これもほぼ同じタイプといえよう。アーチャーとウォーターマンの考え方を参考にしながら，高校生をはじめとする自らの将来の決定するプロセスの入り口にさしかかった者たちは，世の中の厳しい荒波を感じ取って戸惑い，足がすくんでいる者や，あるいは自分の進みたい道があると言いながら，じつは親や第三者の考えの受け売りであったり，脆い自己をそれによって何とか支えているにすぎなかったりする者がかなりの割合を占めると考えられる。そして第三者の目に映るのは，どこか冷めた感じの「シラケ」や「無気力」といったところに落ち着くのではないだろうか。

　高校生の無気力と，スチューデント・アパシーとして対象となる大学生の間では，アイデンティティに関する葛藤を内在しているといった共通項はあるが，もちろん質的な差異も検討されなければならないであろう。高校生に比べ，大学生のほうが周囲の大人からの制約が大幅に緩和され，さながら「自由のめまい」の中でそれまで以上に思索的になり，真の自分や自分が賭けるべきものについての抽象的・観念的な思考が可能な状態になる。それに対し，高校生の場合には自分自身にも問題や悩みの所存自体がわからない，曖昧模糊とした状態に陥りやすく，一時的なアクティングアウト（行動化）も生じやすいと思われる。また，エリクソンの個体発生分化理論で，青年期の前段階に当たる児童期の発達課題の勤勉さ・生産性の獲得あるいは劣等感の形成の問題が少なからず影響を与えていると思われるが，その点については第3章第2節で述べたい。

Column ⑦
高校中途退学と無気力

　最近20年間の全国の高校の中途退学者数の平均は，年10万人を越えている。ここ2，3年の中退者数は8万人台まで減少してきたものの，中退率は増加している。また，東京都内にある高校に限定しても毎年約1万人の生徒が中退しており，計算上は東京都内だけで250学級の生徒全員が学校を去るという驚くべき事態が生じていることになる。

　文部科学省がまとめた「平成15年度における公・私立高等学校における中途退学者の状況」調査によれば，学校生活・学業不適応（37.5％）と進路変更（35.3％）の2つが大きな退学の原因であった。前者のなかで，最も多かったのは無気力を示す事由（高校生活に熱意がない）であり，後者のなかで最も多かったのは就職希望であった。後者の理由をあげた生徒のなかに高校生活への熱意を失った者が含まれていると考えられることから，高校中退を引き起こす背景に生徒の無気力があることは，まちがいないだろう。

　高校中退の原因をさぐるために，通常の調査では，退学した生徒にその事由を問うという形式で行われている。しかし，このような方法では，中途退学者が自分を正当化する方向で退学理由を述べる可能性が生じる。実際には無気力や学習意欲の低下といった原因であったとしても，中退後の調査においては中退の原因は学校や教師の問題であるという方向で回答にバイアスがかかる可能性がある。

　筆者ら（竹綱ら，2003）は，都内のある高校において，入学した直後の4月～5月にかけてと翌年の2月の計2回，1年生全員に質問紙調査（動機づけ要因・友人要因・教師要因・親の学校への関心要因など）を実施した。そして，3年間彼らが卒業するまで追跡調査を行い，1年生時の調査データを中退群と卒業群の2群間で異なるかどうかを比較した。その結果，中退群が卒業群よりも学業達成への自信が有意に低かったけれども，彼らが入学時点で無気力であるということは確認されなかった。中退群と卒業群の比較から，中退群の生徒の親が入学時点で学校への関心が低かったこと，中退群の生徒が1年生の春から冬にかけて学級へ帰属意識が激減することが明らかになった。入学時点においては必ずしも無気力ではなかったものの，このような要因が結果として生徒の学習意欲・就学意欲を低下させ，彼らを無気力に陥らせ，中退することを選択させたのかもしれない。

Column ⑧
非行少年は無気力か

　激しい荒れなど外面に現れる行動に目を奪われると、非行少年には強いエネルギーに満ち溢れた状態をイメージしてしまうだろう。しかしながら、そうした表面の特徴とはおおよそ異質と考えられている「無気力」という心性が、じつは非行少年にも根深くみられるというと、驚く人もいるだろうか。

　暴力的な激しさの裏側に、こうした無気力が存在しているというパラドクスが、教育や健全育成上の問題として明確に指摘されだした契機は、平成元年の青少年問題審議会の答申にみることができる。そのなかで、今日の青少年が、心の豊かさや精神的なたくましさを失い、一部に無気力やひきこもりの状態を呈し、学校生活あるいは社会生活に適応できなくなっている者が増加していることを指摘し、これに関連して、もう一方では残酷で深刻な事件を起こす事例も、無気力を示すもののなかに含まれていることが強調されている。これは無気力と暴力が個人のなかに併存すること、あるいは、無気力が暴力や非行を生み出すことがあるという、それまでにはあまり問題とされてこなかった状況を明確に指摘しているのである。

　無気力が暴力や非行を生み出すことは、じつは、現代の犯罪心理学では注目されていることである。スタンリー・キューブリック監督がバージェス（Burgess, A.）の描いた『時計仕掛けのオレンジ』を映画化したが、そこに描かれる少年たちの姿は、むしろ適度なストレスを欠く生活環境に浸っているがゆえにかえって気力や意欲の減退した状況に陥り、逆にストレスを追求するがごとく逸脱行動や暴力が現れている状況を描いている。

　ダラード（Dollard, 1939）らが、欲求不満攻撃仮説で説明したように、暴力は、欲求を阻止されるなど、いわば何らかのストレス状況から引き起こされると考えるのが一般的であったが、現代のさまざまに起こる事件などをみても、こうした文脈では説明のつかない事象が出現してきたことが、発想の転換を迫るきっかけになったのである。

　現代の子どもたちの生活状況をみると、苦楽の対照的な配列やハレとケの分節が消失し、自我発達にとって重要な体験である「欠乏との向き合い」や「異質なものとの対決」は洗い流されていく。そもそも人間の感情や行動がかきたてられるのは自己や自己を取り巻く環境における不足や歪みを埋めようというエネルギーが高まったときであるから、このような生活状況からもたらされるものは暴力ではなくむしろとめどない無気力である。またこうした無気力や身体活動の衰微は「健康な遊び」をも奪い

去っていく。一方で，閉鎖あるいは内閉した状況のなかでエネルギーは健全なはけ口を失い，その時々の刺激や状況に誘発されて逸脱を出現させるのだろう。それが時として「キレる」現象をも引き起こすことになっているのだと考えられるようになったのである。

　実際に非行少年に対する調査（田中ら，1995）からは，少年鑑別所に収容された男子非行少年約 400 人において，無気力の側面として最も特徴的な状態は，身体的な活動の衰微（だるい，すぐ疲れる，やる気がしない）であり，これは非行とは異質と考えられた対人的な引きこもりの状況と相関があることが示された。また，無気力に直接関連する生活体験としては，友人関係での傷つきや教師不信などの対人関係面での挫折体験が強く影響していることが示されている。

第3節 大学生の無気力

1 大学生と無気力

　本来,教育機関としての大学は,言うまでもなく学業と研究の場であるのだが,加えて心理・社会的な側面から見れば,いわゆるアイデンティティ(自我同一性)確立のために,種々の経験を積みつつ試行錯誤をくり返しながら自分自身を育て,まとめあげていく場としても作用してきた。青年期の本質は,子どもから大人への分岐点というその"境界性"にあり,"自立""性役割""価値観""職業選択"といった発達課題を通り抜けて,成人期に向かうことにあるが,大学はこれらの発達課題をよりスムーズに達成するための絶好の時間と空間を提供している。

　しかしながら,高学歴社会の到来とともに修業年限が長期に及び,さらには卒業後も,一人前になれるという自覚がなかなかもてないままに,青年期がしだいに遷延するという現象が顕著となっている。わが国においては,昭和30年代後半からの高度経済成長によってもたらされた生活の豊かさを背景に,各大学が入学定員の大幅な増加を施すこととなった。しかしながら核家族化の進行によって対人関係が狭まるなかで,大学という新たな環境にとびこんだ若者たちが適応に苦労したため大量の留年現象が生じることとなり,昭和40-41年ごろには20%前後の留年率を記録するという事態となった(岨中,1981)。また,留年率は一般に,私立より国立,女子より男子,小規模校より大規模校,という傾向がみられた。

第2章 青少年の無気力の実態

　これに対して大学側は学生の講義数（単位）負担を軽減する，進級する際の必要単位を弾力化する（卒業までに教養課目の取得をすれば良い等）で対応し，ひとまず，留年率は 10 〜 10 数％で落ち着くこととなる。なお，参考までに，昭和 54 年より開始された全国の国立大学における調査データを見ると，その後の留年率はゆるやかな変化にとどまり，おおよそ5％〜 7％で推移していることが示されている（図2-3）。これに対し，平成 15 年より開始された大学院生の調査では，留年率は修士課程において7％ほど，博士課程においては 20％程度を示しており（安宅ら，2004），無気力傾向を示す学生も含まれるが，加えて，研究の進捗状況やアカデミックポストの少なさが影響していると考えられる。

　また，1960 年代終盤の大学紛争のあとにシラケが蔓延したように，青年が社会や自身を努力によってより望ましい方向へ変えていけるという感覚がもてなくなっていることも大きい。いわゆる三無主義（無気力・無感動・無関心）は，将来への展望のもてなさ（"管理された予期的社会化"（松原，1980），最近では"希望格差社会"（山田，2005）といった用語に示される）と結びついていると言

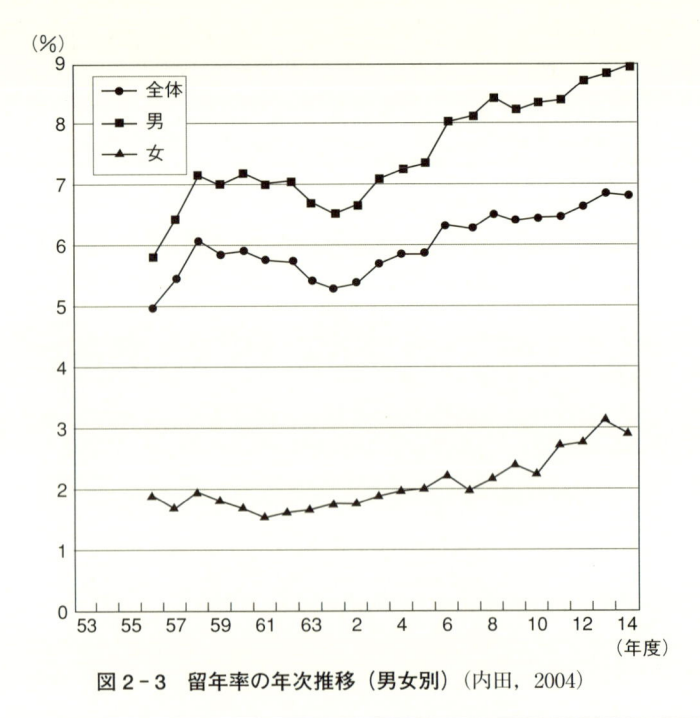

図2-3　留年率の年次推移（男女別）（内田，2004）

えよう。

　これらの諸問題は"境界性"が間延びしてしまい，緊張感のもちにくい状況の中で，青年に必然的に生じている現象と言えよう。よく言えばモラトリアムの長期化として自分らしさをじっくりと探すことが可能な時代となっているのだが，えてして目標をもてない意味づけの曖昧な数年間の中で，同一性拡散の状態に陥っているとも理解される。

　一方，そのような学生全体に生じた傾向とともに，学生相談に従事するカウンセラーや精神保健スタッフからは，実際に学生を援助するなかで，あるいは無気力に陥った学生の家族もしくは周囲の教職員を援助する立場から実践を重ねるにつれて，一見するとさほど深刻に見えない表情や状態像とはうらはらに一向に改善のきざしが見られず，かつ，自分からは相談に訪れることもないままに在学年限が迫り，退学・除籍に至ることも多い学生たちの一群をいかに理解し援助するかについての議論が行なわれることとなった。すなわち，1つの臨床単位として，主に「スチューデント・アパシー」と称される大学生特有の無気力状態を把握しようとする試みが行なわれることとなったのだが，これらについては後述する。

　なお，大学生の無気力が一般学生にどの程度進行しているのか，その要因は何であるのかについての実証的なデータがさほどあるわけではないが，たとえば鉄島（1993）は，「アパシー傾向測定尺度」を作成し，「授業からの退却」「学業からの退却」「学生生活からの退却」の3因子を抽出し，両親の父性の問題との連関等について考察を行なっている。このような研究が継続的に行なわれることで，時代状況の文脈の中で，社会病理としての無気力をよりていねいにとらえ直すことが期待される。

2 無気力の諸相──不適応・不登校の様相から──

　さて，ここからは，実際に学生相談や教育指導にあたる立場から，種々の無気力状態の様相を概観してみよう。

　ひと口に無気力と言っても，一過性のものから長期にわたるものまでその期間はまちまちであり，またその程度も軽度のものからきわめて重度のものまで

実にさまざまで，ひとくくりに考えることは難しい。

　最も長期にわたり，かつ重度の無気力が続くものとして，いわゆるスチューデント・アパシーがあげられるが，本稿では，まず，大学生にみられる無気力を，もっともわかりやすい形で表現していると考えられる不登校状態の形態を分類することから考えてみよう。大学のカリキュラムは，高校までのそれと異なり，一般に自由度が高く，また講義への出欠確認もさほどなされないため，日常の学生生活の中で，教職員や家族から無気力を指摘される機会はさほど多くないためである。

❶── 非心理的な要因から生じる無気力（身体面／経済面）

　身体的な疾患ゆえに体調が整わず"やる気が起きない"という事態は常に生じうる。心理面のみならず，からだも含めた総体的な理解が不可欠なことは言うまでもない。無気力状態を示す学生に対して，そのやる気のなさを責める前に，コンディションを気遣う姿勢で臨むことがまず肝要であろう。

　また，経済的な要因（保護者の失業，疾病等）で学業の継続あるいは生活そのものに不安を抱える場合には，自身ではいかんともしがたい無力感を生じることがある。特に保護者が依存・嗜癖等（アルコール，ギャンブル等）のため，経済的な不安のみならず家族内の力動に常に気を配らざるをえない状況では，心理的な安定を保つことが難しく，激しい感情的な揺らぎを経験した後に無気力になることもある。

❷── 怠学傾向・目標喪失と無気力

　学業そのもの，あるいは大学生活に興味を見いだせず，生活習慣の乱れが好ましくない形で継続している場合がある。"学生生活は遊び中心で良い"といった構えが抜けなかったり，"第1希望の大学ではなかった"という不本意入学から，あるいは，"授業・実習のレベルについていけない""周囲の人たちが優秀に見える"といった挫折感や劣等感から，無気力傾向が発生している場合もある。その場合には，勉学を学ぶ意味，大学に通う意味を正面からじっくりと問いかける姿勢も時には必要であろう。良い意味での父性の発現は，教育機関にとって必須であるが，えてして，今の学生たちにはきつく響きすぎる可能

性があるので，注意が必要である。

❸ 積極的なモラトリアムと無気力

　大学・学業以外に活動の場をもっていて，そこでの生活にやり甲斐をもっている場合，キャンパス内では表向き，無気力に見える場合がある。アルバイトやサークル・クラブ活動，ボランティア活動等に生活の中心を置いている学生はかなり多く，必ずしも確固とした目的をもって活動しているわけではなくとも，そのような活動を通じて，社会に触れ，自分を振り返る営みは将来的に生きてくるものである。

　まさに自分を確立するためのモラトリアムであるならば，ある程度の模索は認められて良い。しかしながら，ずるずるとはまりこんでしまう形になって，同一性拡散状況を呈するかのごとく，学業に復帰できない場合もままあることに留意しなくてはならない。

　また，留年・休学・退学といった事態が間近にせまってようやく，本人も周囲の者も深刻に考え出す場合もあるので，学年・試験・学園祭といった区切りをもとに，学生生活サイクルを意識した節度ある過ごし方が求められる（鶴田，2001）。

❹ 精神疾患が疑われる場合と無気力

　大学に出てこれない学生，あるいは学業にうちこめない学生の中には，精神的な疾患にかかっているためにどうにも身動きがとれなくなっている場合がある。もともと「アパシー」という用語は，統合失調症やうつ病などにみられる感情障害の1つとして定義され，感情の動きが鈍り，周囲に関心をもたず，情緒的反応が乏しくなる状態を指していた。統合失調症では，思考のまとまりのなさ，被害的な考え方，幻覚，妄想等の有無に留意すること，うつ病では，重度の気分の落ち込み，悲観的な思考，顕著な活動性の低下，といったことに留意する必要がある。早期発見・早期治療が何よりも大切なことであり，詳しい診断を専門医に委ねるとともに，その診断に基づいた治療が不可欠となる。抗精神薬がかなりの効果をもつので，"今は病気なのだから休養が第一"という構えでじっくりと取り組むことが肝要である。

5 ── 神経症（ノイローゼ）から派生する無気力

　無気力とは言っても，本人に"大学に行かなくてはいけないのに行けない""こんな自分はなんて駄目なんだ"という強迫的傾向，悲観的な気分，自責の念があり，心身がいうことをきかない状態になっていることがある。心理的にきわめてナイーブ（過敏）になっており，たとえばゼミ発表や試験，実験等がうまくいきそうにないと感じて身動きが取れなくなり，時に発熱・頭痛・下痢等の身体症状が出たり，また対人恐怖的な心性を抱いて指導教員や大学の友人と会うことを避けがちになる傾向が生じやすい。本人が深い悩みの中にいることを自覚しており，なんとかしたいという動機付けもしっかりとあり，かなり社会的な気配りもできる学生が多く，ひとたび相談に訪れることができれば，継続的なカウンセリングによって，根本となっている心理的な諸問題の解決，回復を図ることができる場合が少なくない。

　また，時には，大きな事故や災害，犯罪などに巻き込まれ，心理的に重大なトラウマ（外傷）が生じたことにより，いわゆるPTSD（外傷後ストレス障害）となり，長期間にわたって無力感に苛まされる場合もある。

　いずれにしろ，神経症の場合には，共感的なかかわりによって支えることが第一であり，安易な励ましは禁物である。

3　スチューデント・アパシー

　前項で記した無気力の諸相は，端から見て明らかにしんどそうであったり，尋常でない側面が伺え，あるいは自分自身で問題を自覚し言葉などで表現できるため，ある意味では了解しやすいものと言える。

　これに対し，1960年代以降に，臨床心理学的な関心を集めたものは，特に何か悩んでいるようすもなく，自分から問題を解決しようとする姿勢に乏しく，不登校や留年，あるいは休学・退学が視野に入ってくる時期になって初めて，親・家族や教職員等，周囲の者があわてて相談に来る事例，ないしは本人を引っ張ってくることになるのだが，継続相談になりにくく容易に中断してしまう学生たちの存在であった。

　軽度のうちは，本分である学業には取り組まなくとも"副業専念"というか

たちでアルバイトやクラブ・サークルには労力を割くパターンとなるが，程度がはなはだしくなると，ゲームやパソコン，ネットの世界にはまり込み，ほとんど自室とその近隣にしか活動範囲が及ばなくなり，さらには昼夜逆転の状態になってずるずると不登校状態が遷延することとなる。周囲が心配して声をかけても"明日は必ず行きますから"とあっさりと答えつつ，実際には顔を見せない，しだいに留守番電話やメールにも応答しなくなる，といったことのくり返しとなる。

学生に特有のこの無気力状態を指摘し，世に問うたのはアメリカのウオルターズ（Walters, P.A.Jr）である。彼はハーバード大学における相談実践から，すでに1961年に，主に低学年の男子において，学業への意欲を失い，焦燥感や不安よりも，無気力，無関心，無感情，それも一過性のものではない独特の無気力を呈する学生の一群が存在することを指摘している。これらの学生たちは，成熟した男性らしさが求められる場面において，自信をもてず，嘲笑されたり敗北感を味わうのではという危険性を察知して，そのような場面から"降りる"，すなわち，学業や学生生活を拒否するという心理的機制が働くとした。

このウオルターズの概念を引用しつつ，わが国でも，まず丸井（1967）が長期留年学生を検討する中から「意欲減退学生」と称してその特徴について言及している。さらに，笠原は1970年前後から相次いでこの男子青年に特有の無気力について考察を進め，「退却神経症」さらには「アパシー・シンドローム」としてその状態像の診断的理解に力を注いでいる（その概要は表2-9の通り）。

また，同様に山田（1987）も自身の臨床経験に基づく基本病理を提示しており（表2-10），精神医学の立場から疾病論・疾患単位に厳密であろうとする姿勢が伺える。

これに対し，カウンセリングの立場から土川（1990）は，図2-4のように，一般学生も視野に入れた包括的な分類構造図を提示している。すなわち，典型例としてのアパシーと神経症としてのアパシーを区別し，次いで，典型例の周辺（図では下方に）に発達過程における一過性アパシーを，さらには一般学生の無気力傾向を位置づけている。また，典型例Ⅰ型は主として学業を中心とした部分的なアパシーであり，Ⅱ型は生活全般にアパシーがおよび，現実検討が不良となり時に対人恐怖をはじめとする各種の恐怖症状を伴うものとす

表2-9 アパシー・シンドロームの概要 （笠原, 1984より作成）

① 無関心・無気力・無感動、そして生き甲斐・目標・進路の喪失が自覚されるのみ。（神経症者のように）不安・焦燥・抑うつ・苦悶・後悔など自我異質的な体験を持たない（したがって自主来談しない）。
② 客観行動は世界からの「退却」「逃避」と表現される。苦痛の体験を「内側に」「症状」として形成することがほとんどなく、もっぱら「外に」「行動化」する（無気力、退却、裏切りといった「陰性の行動化」）。
③ 予期される敗北と屈辱からの回避として、本業（学業）からの退却が中心。
④ 病前はむしろ適応のよすぎるほどの人である。しかし広い意味で強迫パーソナリティ（黒白二分式の完全主義、攻撃性と精力性の欠如が共通）。
⑤ 治療は成熟を促すための精神療法となるが、アイデンティティ形成の困難、心理社会的モラトリアムの不可欠さを十分理解する必要がある。
　　（治療へのモチベーションがないことが最大の困難点）
⑥ 症状と経過から少なくとも2類型を立てることができる。
　(1) 退却が軽度かつ短期で、ほとんど自力で回復してくるタイプ。
　(2) ボーダーライン群と称するもので、一過性に対人恐怖、軽うつ、軽躁、混迷様状態、関係・被害妄想を呈する（統合失調症への移行例はない）。
⑦ いわゆる登校拒否症のなかにこの病型の若年型を見出しうる。
　　鑑別を必要とする類症としてはうつ状態と分裂質がある。
　　典型例においては鑑別は容易であるが、ときに困難なケースに出会う。

表2-10 (A) アパシーの性格上のポイント （山田, 1987）

① 自己不全・自己不確実感が強い。
② 脱競争・脱学業願望と学業依存の葛藤。
③ 秀才（強者）アイデンティティの挫折のため進路喪失。物語性のなさ、人間的自信のなさから、アイデンティティ定まらず。
④ エロスを欠く、アンヘドニック（面白味のない）人物。
⑤ 男性性のゆがみ、成熟拒否的。
⑥ 母性依存。
⑦ 自己不確実強く無力（弱力）型なので、強迫傾向と回避退却の防衛となる。

(B) 山田による基本病理

① 自己不確実状態が準備状態としてある。だから見かけの引き金はじつにささいなものでも退却が生じる。
② 具体的には、強者（秀才）アイデンティティは学業強迫によって作られた虚像で、じつは弱者ではないかという迷いの状況。しかし弱者たる自分を受容できない。
③ 弱い自分を認めねばならない場から退却し、自己確実な受け皿に中間的にとどまる（不完全退却、選択退却）。しかし、それも不安化し、多く完全退却へ進む。
④ 強者アイデンティティを過干渉に推進した親に攻撃性が向かう。しかし依存性はなお強い。
⑤ 「静かな」アパシーは追い立てられると不安・葛藤の強い「騒々しい」アパシーとなる。
⑥ 神経症状、アパシー退却は等価的に移行する。戦う姿勢があれば強迫的となり、そうでないと退却症状へとスプリット的に防衛する。
⑦ 母性的援助がとくに必要である。

第3節 大学生の無気力

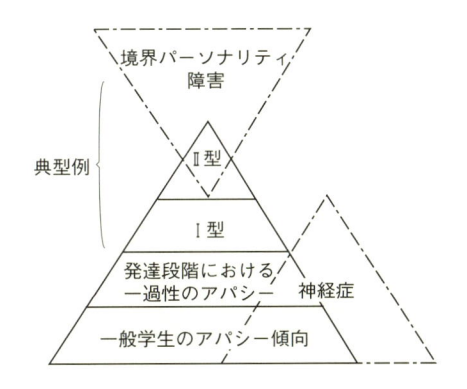

図2-4 スチューデント・アパシーの分類構造図（土川，1990）

ピラミッド図：
- 最上部：境界パーソナリティ障害
- II型
- I型（典型例の範囲）
- 発達段階における一過性のアパシー／神経症
- 一般学生のアパシー傾向（最下部）

表2-11 アパシー性パーソナリティ障害（Apathy Personality Disorder）の判断基準（下山，1997）

A. 心理的には無気力（アパシー）状態にあるにもかかわらず，表面的な適応にこだわりつづける広範な様式で，青年期中期から成人期にわたる広い範囲の年代で始まり，種々の状況で明らかになる。以下のうち5つ（またはそれ以上）によって示される。 ①適応を期待する他者の気持ちを先取りした受動的な生活史がみられる。 ②適応的で自立している自己像への自己愛的な固執がみられる。 ③他者から不適応を批判や非難されるとことに対して強い恐怖心や警戒心をもつ。 ④不適応があからさまになる場面を選択的に回避する。 ⑤不適応状況に関する事実経過を認めても，その深刻さを否認する。 ⑥不適応場面において，言動不一致，一過性の精神症状，ひきこもりなどの分裂した行動を示す。 ⑦自己の内的欲求が乏しく，自分のやりたいことを意識できない。 ⑧感情体験が希薄で，生命感や現実感の欠如がみられる。 ⑨時間的展望がなく，その場しのぎの生活をしている。 B. 統合失調証（精神分裂病），気分障害，他の精神病性障害の経渦中にのみ起こるものではない。

る。

　さらに，下山（1997）は，実践と調査による一連の研究をもとに，1つの臨床単位として「アパシー性パーソナリティ障害」を規定し，その重篤性に基づいて，提示された9条件のうち5つ以上を満たす場合にこの人格障害に該当することとする，という見地を打ち出している（表2-11）。

4 社会とのつながりを考える—フリーター，ニート，ひきこもり—

　ここまで見てきたように，大学生の無気力という問題は，きわめて時代規定性の強いものである。その意味で，1990年代以降，わが国の社会状況と大学をめぐる諸状況が大きく変容しているため，青年の心理的発達や諸問題に大きな影を落としていることに留意しておく必要がある。

　「青年期の遷延」現象（大よそ10才過ぎから30才くらいまでを広い意味で「青年期」と考えうる）の一方で，大学大綱化に伴う種々の大学改革は"教養課程の解体"という形で進行し，早期から専門教育に移行することを良しとする気風が強まっている。また学生たちも，高校あるいは予備校までの行動様式をひきずるかのごとく，思いのほかまじめに勉学に取り組み必要単位数を確保しようとする。さらに，1990年代のバブル崩壊以降，景気の動向は上向きにならず，就職率のドラスティックな低下（図2-5）により，将来に不安を抱く学生は資格取得や就職の準備に大いに引き寄せられ，あわただしい学生生活を送ることになる。

　青年期が前後に長くなっているためにその"境界性"が薄れる一方で，ゆったりとした模索よりも先を急ぐことを強いられるという，言わば二重の意味で青年期あるいは学生時代が変質しているため，旧来の心理的な発達課題の様相

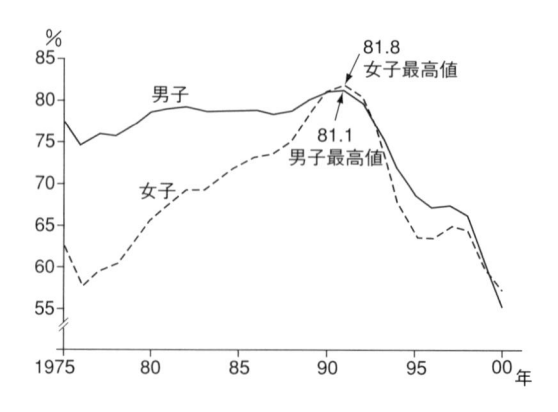

図2-5　大学学部卒業者の男女別就職率（文部省，2000）

が崩れてきていると言わざるをえない（齋藤，2000）。

　近年の，フリーターの増加や"卒業後3年以内に3分の1の学生が就職先を退職する"状況にも，自己確立の難しさが反映されており，同様に，「ひきこもり」を示す若者の増加，さらには「ニート」（玄田・曲沼，2004）と呼ばれる"働くために動き出すことができない若者"の増加にも，広い意味で無気力の問題が重なっている。

　これらの影響により，スチューデント・アパシーという用語・概念が用いられることが近年ではやや少なくなっている感触がある。学生相談の現場での感覚では，笠原の⑥-(1)や土川の典型例Ⅰ型にあたる部分的なアパシーを示す青年が少なくなり（就職難等でアパシーに陥りにくい，あるいはフリーター等で市民権を得て問題化しにくい），より重度の様態を示す学生（笠原の⑥-(2)，土川の典型例Ⅱ型，あるいは下山のアパシー性パーソナリティ障害に当たる）が「ひきこもり」として教職員や周囲に認識され，かつ大学から離れていかざるをえない事例が増加しているように思われる。

　なお，先に示した国立大学における調査では，休学および退学に至った学生について，その状態像を可能な範囲でまとめている（図2-6に退学率の推移を示す。なお参加大学は例年10数大学である）。ここで1993年以降に急激に増え，最も多い退学要因となっているものは，確固たる目的をもって退学するわけではない学生とされる「消極的理由群」であり，その多くはアパシー状態にあると指摘されている。またこの傾向は休学率にも伺え，アパシー状態にある学生がそのまま学籍を保持することが経済的に難しくなっていると考えられる（中島・野村，1999）。

　学生が積極的に自分のあり方を模索するモラトリアムとして，学生時代を有効に活用することがむずかしくなっている時代状況の中で，いかに彼らの育ちを支援していくかは高等教育に課せられた今後の大きな課題である。

第2章 青少年の無気力の実態

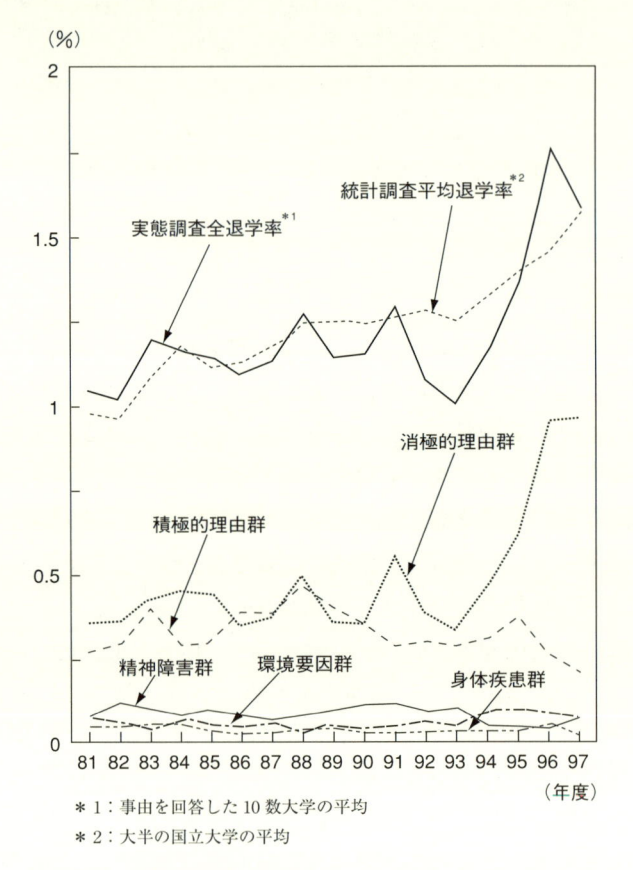

(%)

*1：事由を回答した10数大学の平均
*2：大半の国立大学の平均

図2-6　退学率の推移（事由グループ別）（中島・野村, 1999）

Column ⑨
学生相談で出会う無気力

　保健管理センターでの学生相談では,「やる気が出ない」「意欲がわかない」といった内容を主訴とする学生に出会うことが多い。一口に「やる気が出ない」といっても単純にうつ病による場合もあれば,自己の傷つきにより,大学生活から引きこもるアパシーの問題など,それぞれが語る背景はさまざまである。しかしながら,学生の置かれている状況,たとえば,学年や時期によって不思議と共通する課題に直面してのことと思われる例も少なくない。ここでは,鶴田（2001）をふまえて大学生活を入学期,中間期,卒業期の3つの時期に分けて,それぞれに特徴的な内容について述べてみたい。

　入学期:大学生活への移行が問題となる。一般的によく知られるのは,五月病である。入学したての学生が,合格することのみを目標にしてきたためにその後の目標の喪失により,やる気を失う状態である。また,不本意入学の場合も「意欲をもてない」「やる気が出ない」という状態に陥りやすい。志望大学での生活を夢見て受験勉強を努力してきたわけであり,大学での生活が自分の将来の進路に結びつかないとすれば不本意感を抱くのは当然であるが,対人関係を含めてその大学に所属する意味（あるいは所属感）を見いだせることが重要である。

　中間期:入学期を入学後数か月とするなら,その後,卒業期までの大学生活の展開期がこれに当たる。この時期は,対人関係の展開と専門性の選択が大きな課題となる。対人関係では,異性関係のトラブルによる意欲低下の問題は大きく,重要な対象の喪失は,うつ病の発症にもかかわるものである。また,研究室決定などの専門性の選択でのつまずきは,入学期の問題を引きずるものでアイデンティティの問題とかかわり,転部,転科等の可能性がなく,解決困難な状況と認識されている場合に生じやすい。

　卒業期:3年生後半から卒業までの時期であるが,研究室での対人関係,就職,進学といった進路の問題,さらには進路にかかわる親子関係の問題による場合が多い。特に教員との関係では,将来の方向づけに大きな影響があるので,罵声を浴びせられたり,きちんと指導を受けられなかったり,性的な嫌がらせを受けるなどのアカデミック・ハラスメントの問題は注意が必要である。また,就職については,適性についての自己分析や大学生活でのキャリア形成ならびに希望する職業の社会的な位置づけなどの企業研究等が十分に深められていないと内定には結びつき難いように思われる。

　大学生活のそれぞれの時期に求められる課題に直面し,自分の目標を見失わず,現実の枠組みと柔軟に符合させ,身近な対人関係を維持できることが,意欲低下に陥らず,自己の確立にも重要であることが理解できよう。

第3章
青少年の無気力への対応

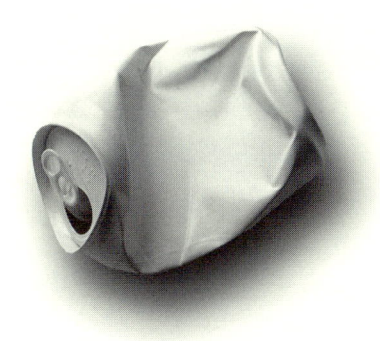

第1節

中学生の無気力への対応

1 無気力な中学生へのかかわり

　第2章第1節で論じたように，中学生が無気力感を感じたり，無気力状態になったりする背景には，さまざまな要因が複雑に影響を及ぼしあっている。そのため無気力な学生へのかかわりは，1人ひとりの状態や背景を考慮したうえでの個別的なかかわりが必要になる。

　本節では無気力状態がみられた中学生の事例を紹介し，そこから中学生の無気力に対するかかわりを考えていく。

■1 ── 学校生活に意欲が感じられなくなった中学3年生

＜問題の状況＞

　中学3年生男子A。中学3年の6月ごろから，授業中にボーッとしていたり，机につっぷしていたりするようになった。それまでは他の生徒たちと同じように授業に取り組み，成績も中程度であった。身体を動かすのが好きで，部活（野球部）に入っている。特に3年生が参加する最後の大会には真剣に取り組んでいた。休み時間には，クラスメイトや部活の仲間と楽しそうに話したり，ふざけたりしており，友人関係も良好であった。

　ところが，6月ごろから休み時間にも一人で机につっぷしたままでいるのをよく見かけるようになった。授業中も，ほおづえをついてボーッとしていたり，課題を忘れてきたりすることもあった。担任が，何度か具合が悪いのかと尋ね

たが,「具合は悪くないが,何となくだるい」という答えであった。1学期の期末テストもあまり集中できなかったようで,いつもより成績が悪かった。

＜担任のかかわり＞

夏休み前の二者面談で,担任は,最近のAのようすを心配していることを伝えた。A自身も,やる気が起こらないことを気にしていた。期末テストもがんばらなくてはならないとわかっていたのに,勉強を始めるとすぐに飽きてしまい,マンガを読んだりしてしまう。テストが終わっても,毎日,何となくだるくて,ボーッとしているうちに一日が終わってしまう。Aも今のままではいけないと思いながらも,具体的な活動につながっていかないようすであった。

担任は,それまで一生懸命打ち込んできた部活動がなくなってしまったことと,そこから受験に向けての切り替えがうまくいっていないように感じた。そこで,Aの進学希望の高校の話を尋ねてみた。この段階でAはいくつかの高校を考えていた。いずれも比較的野球が強い高校で,当然Aは高校に入っても野球を続けるつもりでいた。そのうちの1つの高校の野球部には,Aの先輩がおり,その先輩からいろいろな話を聞いたりしていること,高校では硬式のボールになるので,今から慣れるようにしておいたほうがいいなど,どんどん野球の話になっていった。そして,夏休みの学校見学のときに野球部の練習があれば,それも見学したいと意欲的に語った。

担任は,話をしているうちにAの目が輝いてくるように感じた。Aは部活を引退した後,これからは受験勉強に集中しなくてはいけないと自分を追い込んでいたようだ。しかし,Aにとって受験は面倒くさい,やらなければならないものでしかなかった。担任との面談をきっかけに,高校進学と自分の好きな野球とが結びつき,受験勉強が単に面倒くさいものから,新しい可能性を模索する機会になったのではないだろうか。そして,高校進学が1つの具体的な目標に位置づけられたようだった。

9月になって,Aは担任のところにやってきて「先生,オレ,F高校に決めたよ」と話した。夏休み中にF高校を見学に行ったとき,野球部の練習も見学させてもらったそうだ。そこでの先輩たちの真剣な練習のようすや,いろいろと教えてもらったことから,F高校が気に入ったそうである。その後は,勉強に疲れると素振りをしたりして,気分転換をしながら勉強するようになったそ

うである。学校での生活にも意欲が出てきて，ボーッとしていたり，無気力なようすは見られなくなった。

2 ── 家で無気力状態になっている不登校の中学2年生
＜問題の状況＞

　中学2年生女子B子。11月ごろから，朝起きるのが遅くなり，登校の準備にも時間がかかるようになった。いつも遅刻ぎりぎりに家を出ていく。体調が悪いのかと尋ねても，そんなことはないと言う。

　家での生活にも変化が現れてきた。自分の部屋にいることが多くなり，食欲もなくなってきた。以前に比べ表情も乏しくなったように感じられた。部活に参加せずに帰ってくることも増えた。放課後や休みの日に，友達と約束をして外出したりすることも減った。

　ある日，登校する時間になって起きてこないので，母親が起こしに行くと，B子はまだふとんの中にいて，「具合が悪いから休む」と言う。熱はないし，腹痛や頭痛もないようだ。母親は，最近のB子のようすから，疲れがたまっているのかもしれないと考え，休ませることにした。その日は食事もあまりとらず，一日ふとんの中で過ごした。次の日も「だるい」と言って，学校を休んだ。週末も家でゴロゴロとして過ごし，月曜日にまた「具合が悪い」と言い出した。母親が，どこがどう悪いのかと尋ねても，はっきりとした返事が返ってこない。「具合が悪いなら病院に行って診てもらおう」と言っても，「寝ていれば大丈夫だから」と言う。しかし母親は心配になり，B子を説得して，近くの病院に連れていった。医師には「身体的な面では特に悪いところはなさそうだ。心身の疲れが原因ではないか。少しゆっくり休んだほうがよい」と言われた。母親は，学校にもそのことを伝え，B子を休ませることにした。

　B子は毎日を，何をするということもなく過ごしている。横になっていたり，テレビを見ていたり，マンガを読んだりしている。食事の時間などに母親が話しかけると返事はするが，面倒くさそうにしている。友達が心配して電話をかけてくれたことがあった。いつもなら楽しそうにおしゃべりしているのだが，学校を休んでいるせいもあってか，淡々と話をしてすぐに切ってしまった。それからは何となく休むことがあたり前のようになり，B子からは「登校

しなければ」という焦りや不安も，登校しようというそぶりもみられない。そのようなB子の態度に，母親のほうがあせって，「学校に行かなくていいのか」「勉強が遅れてしまう」「先生や友達が心配してくれている」などと学校へ行くように励ますが，その話をするとB子はさっと自分の部屋に入ってしまう。家で過ごしているときには，体調が悪いというようすはみられない。学校に行きたくない理由でもあるのかと尋ねても「別に…」という返事であった。母親は，冬休みの間ゆっくり休めば，疲れもとれるだろうと考えていた。

ところが冬休みが終わっても，B子に登校しようとする気配はまったくみられなかった。母親は身体的な疲れだけではないようだと考え，担任と相談して教育相談機関を訪ねることにした。B子にも気分転換に行かないかと誘った。

＜相談機関でのかかわり＞

初めて相談室に来たときのB子は，表情が乏しく，カウンセラーの問いかけに対してもうなずく程度の反応しか返ってこなかった。B子には女性のカウンセラーがついて，いっしょに遊んだり話をしたりすることになった。カウンセラーが「家ではどんなことをしているか」「どんなことが好きか」などと尋ねても，「テレビ見たり…」と短い返事をして下を向いてしまい，なかなか話が続かない。「何かしようか？」と問いかけても，首をかしげるだけで答えが返ってこない。カウンセラーが「○○ができるよ」「こんなゲームがあるよ」と相談室でできることを紹介するが，どれもはっきりとした意思表示がない。しばらくしてカウンセラーは，子猫の図柄のジグソーパズルを持ってきて「これ，いっしょにやらない？」とB子を誘った。するとB子はうなずいて，いっしょにパズルをつくることになった。

カウンセラーは「あれー，合わないな」「これ，きっと，しっぽのほうだよね」などと言いながらパズルをつくっていく。B子は反応せず黙ったまま，とてもゆっくりしたペースでパズルをつくっていく。結局，このときは全部完成せずに，また今度続きをやろうということで面接を終了した。カウンセラーは，B子の反応が乏しかったので，自分のほうから問いかけたり，パズルをしようと提案したりしてしまったが，B子のペースもつかめぬままに先を急ぎすぎたようにも感じられ，B子はどんな感想をもったのかが気になった。次回も来てくれるといいなと思っていた。

B子は次の面接にもやってきた。そして前回つくりかけのジグソーパズルをつくることになった。前回と同じように，B子はあまり表情が変わらず，反応が薄い。しかし，カウンセラーの言葉を聞いて，ちょっと微笑んだり，わずかにうなずいたりするようになった。カウンセラーは前回に比べ，B子も自分もずいぶんリラックスしていると感じられた。2人でゆっくりとパズルをつくっていることが，充実した時間として感じられた。母親からの情報では，前回，家に帰るまでの間に，B子はカウンセラーの先生が優しかったこと，2人でパズルをしたことなどをボソッと母親に話したそうである。久しぶりに外出して疲れたようすはあったが，カウンセラーに対してよい印象をもったようだと母親も少し安心したようであった。

　その後の面接でも，無理に話をさせたり，自分の気持ちを表現させようとすることはせず，いっしょにゲームや作業をしながら，安心した時間を過ごせるように，またB子自身が自ら動き出すエネルギーを溜められるように，B子のペースや好みに合わせた活動をしていった。B子はフェルトで小物をつくったり，アニメのセル画に色を塗ったりするような創作活動を好んでした。面接が回を重ねるにしたがって，少しずつではあるが，B子は表情や言葉で自分の感情や考えなどを表現するようにもなっていった。家庭での生活にも変化が出てきた。生活が規則正しくなり，表情や行動も不登校になる以前と変わらなくなった。

　2年生の3月，B子はカウンセラーに高校のことを尋ねてきた。学校に行っていないので勉強が遅れてしまった，今からがんばれば高校に行けるだろうかと尋ねてきたのである。勉強は今からがんばれば十分間に合うし，学校に行っていない時期があっても，それで入試に不利になることはないようだと伝えるとB子は安心したようだった。それまでは学校や勉強のことをまったく話さなかったB子が，自分から進学の話をしてきたのは，大きな変化である。そして3年生になって，B子は保健室登校を始めた。

　結局，B子とカウンセラーとの間で，B子が不登校になったきっかけや無気力になってしまった原因についての話は出なかった。よって，なぜB子が不登校になり，無気力になってしまったのかはよくわからない。母親の面接のなかでは，不登校のきっかけかもしれないと母親が感じているエピソードが語られ

ていた。ある日，B子がムッとしたようすで帰ってきた。B子にどうしたのかを尋ねたら，友達のEちゃんにだまされたと言う。先日あった試験のときに，Eちゃんはぜんぜん勉強していないと言っていたのに，しっかりできていた。何か，だまされたっていうか，本当のことを話してくれないんだなって思ったら，がっかりしたと言う。そのときは，母親はB子の純朴さに，笑いながらB子をなだめたが，B子の生活に変化が出てきたのがちょうどその出来事の後からだし，他に思い当たることがない。ひょっとしたら，そのことがB子には友達に裏切られたような，信用できないような感じを与えたのかもしれないと，母親は考えていた。このことがきっかけかどうかはわからないが，中学生が何かのきっかけで仲のよい友達に不信感をもち，そのことがこれまでの自分と他者とのつながりを揺さぶり，B子の存在のありようを混乱させたということは，あながちないことではない。いずれにせよ，ありのままのB子を認め，B子自身の力で動き出すことを見守ったカウンセラーのB子への信頼感が，B子に自信を取り戻させ，エネルギーを蓄えることに役立ったのだろう。

❸── 自分から動くことがきわめて少ない中学2年生

＜問題の状況＞

　中学校2年生男子C。非常に口数が少なく，表情の変化も乏しい。言われたことはやるが，自分から動くことは少ない。行動がゆっくりで，他の子どもたちといっしょに行動すると遅れがちである。身体を使って遊んだり，スポーツをしたりするのは苦手で，避けようとする傾向がある。興味の幅は限られており，一般的な中学生男子が好きなスポーツや音楽の話題などには興味がない。勉強も好きではなく，授業を受けていてもわからないことが多い。

　仲のよい友達はいない。学校で話をする友達はいるようだが，放課後や休みの日にいっしょに出かけたり，遊んだりする友達はいない。小学校のころは，時々は友達と約束してきたり，誘われたりして遊んでいたが，中学生になってからは放課後や休日に友達と遊ぶことはほとんどなくなった。本人も，あまり友達と遊びたいと思わない。家では時間があればTVゲームをしている。他の子どもたちとテンポが違うので，まわりの子どもたちからからかわれたりしたこともあったようだ。中学2年になって，学校に行くことを嫌がりはじめた。

＜不登校児のグループ＞

　筆者はCと不登校児のグループ活動で知り合った。このグループには，中学生ばかりでなく，小学生も含まれていて，みんなでゲームをしたり，野外体験をしたりして，心身のリラックス，友達づくりなどを目標として活動している。初めてグループに来たCは，部屋に入ってじっと立ったままだった。スタッフが話しかけて，他の子どもたちがいるところに連れていっても，ほとんど話をしない。ゲームや創作活動なども，参加しないわけではないが，積極的ではない。ルールや作業の進め方を理解するまでに時間がかかる。自由時間は，部屋のすみで一人で座っていたり，持ってきたゲームボーイをしていたりする。スタッフや他の子どもが声をかけたりするのだが，なかなか関係ができていかない。Cなりの人や集団との関係のとり方なのだろうとは思うが，かかわっている側としては，表情や言葉でのはっきりとした意思表示がないので，かかわりづらいところがある。

　Cの特徴は，このような表現の少なさ，活動性の低さ，積極性のなさ，関係のつくりにくさがずっと継続していることである。他の子どもたちにも，グループ活動や他の参加者に慣れるまでは，引っ込み思案だったり，活動性が低いということはよくみられる。しかし，ほとんどの子どもはスタッフや友達と関係ができるにしたがい，少しずつ自分から話しかけてきたり，いっしょに活動することを楽しんだりするようになる。ところがCの場合は，その後も数年間このグループに参加していたが，この状態がほとんど変わらなかった。

　実際にCと接してきて，筆者には，Cの無気力状態は生物学的・発達的な要因による影響が非常に大きいように感じられた。はっきりとした知的な遅れとはいえないが，Cの知的能力，身体的能力など，多くの面でゆっくりした発達をしている，あるいは，たとえば発達障害等といわれるようなある種の発達の特殊性をもっているようである。そのためか，自分から積極的に外界に働きかけることをせず，自分の希望や欲求を外界に合わせる，すなわち，欲求や希望を表現せず受動的に外界とかかわりをもってきたのではないだろうか。

　Cのような発達傾向は，年齢が低いときにはそれほど目立たないが，学校での学習が始まると徐々に目立ってくる。本人もまわりの子どもたちと比べて，できないことが多くなり，自分に対して自信を失っていく。新しいことに挑戦

しようという気持ちが少なくなり，ますます関心の幅や意欲が小さくなる。実際，行動の遅さや不器用さを友達にからかわれたり，多くの側面で劣等感をもつ経験も多かったようである。そしてそれらのことが，Cの不登校という行動にも影響を与えたと考えられる。

　Cのように自分からは集団にかかわってこないし，あまり誘いにものってこない，かといって自分の好きなことを楽しそうにしているのかといえば，けっしてそうでもないような子どもは，まわりからみると意欲や活力がなく，受け身な子，無気力な子とみられてしまう。そのうえ，彼ら自身はあまりそのことを問題だと思っていないようだ。「やりたいことは何？」とか「やりたいことができなくて困ることはない？」などと問いかけても，「別に…」という返事が返ってくる。Cがこのグループに継続的に参加してくるのは，このグループは多様な年齢，状態の子どもが参加しているため，他者と比較されることが少なく，かつ自主性や活動性を要件としない集団活動だからではないかと筆者は考えている。1対1のカウンセリングのような形態や，課題を解決するようなグループ活動では，継続して参加することが難しいのかもしれない。人とかかわったり，新しい経験ができる場にいること，そしてそれらを通して，少しずつ自分を表現したり，自分から主体的に行動できるようになることを期待している。

2　中学生の無気力への対応の際の留意点

1 ── 無気力はエネルギー切れの状態

　これまでみてきたように中学生の無気力状態にも，いろいろなタイプがある。共通していえることは，無気力状態のときに，無理に動かそうと働きかけても，動けないし，動かないということである。無気力状態のときは，主体的に活動するのに十分な身体的・精神的エネルギーがない状態である。特に，中学生の生活の大半を占める学校での生活は，学習活動や対人関係など，非常にエネルギーを必要とするものである。エネルギーが少なくなったとき，集中力や努力を必要とする学校での活動が，まず初めに回避される。

　当然のことながら，エネルギーが消耗しているときに無理に動くのは，十分

な能力が発揮できなかったり，部分的にしか機能しなくなってしまう。このようなときは，エネルギーが溜まるまで待つしかない。このとき，まわりのかかわりとしては「待つ」ことが求められるのだが，「待つ」ことは放ったらかしておくことではない。まったく期待しないと本人は見捨てられた感じがするし，過度な期待はプレッシャーになる。本人に関心を払い，期待もしているが，無理強いはしないといった"ほどよい距離感"が必要になってくる。この付かず離れずのほどよい距離感も，人によって異なるので，実際にはどの距離を保てばよいのか非常に難しい。

さらに，場合によっては，蓄えられる以上にエネルギーを消耗してしまう状況自体を改善することも必要であろう。

2────「無気力＝怠け」ではない

身体的・精神的エネルギーを溜めるために，自分の好きなことに熱中することがある。無気力状態のときは，感情の起伏や感じる力が鈍くなっているようである。自分の好きなことに打ち込んで，充実感や楽しいと感じる経験を通して，より楽しもうとする活力や意欲，楽しいと感じる力を活性化させているのである。けっして，やらなければならないことを怠けて，楽しいことだけをしているわけではない。

このエネルギーを蓄える作業は，人によってその期間や方法が異なる。好きなことに熱中する場合もあれば，人に受け入れられる経験や課題を克服する経験などからエネルギーが得られる場合もある。これらの経験には，自分を肯定できる，自信を回復できる，やればできるという意欲が湧いてくる，充実感や満足感が得られるなどの効果があり，自ら動き出す原動力となる。

ところが，自分の好きなことをたくさん経験しても，その状態からなかなか動けない場合がある。そのような子どもたちは，動き出すことに対して大きな不安を感じているようだ。筆者の経験では，これらの子どもは非常に自尊心が高く，失敗することを極度に恐れる。しかも本人は，そのことを意識してはいない。このようなタイプの子どもには，エネルギーを蓄える活動ばかりでなく，本人の自己理解を深めたり，ソーシャルスキルを提供したりするといった，より積極的に外界に働きかけるためのかかわりも必要な場合がある。

3 ── 発達的な要因と関連する無気力への配慮

　先の事例3で紹介したように，生物学的，発達的な要因が影響を及ぼしていると考えられる無気力状態がある。何らかの診断名がついている場合もある。これらの子どもたちは，一般的な子どもたちと微妙なズレを抱えていることが多く，それが学校生活で拡大され，無気力感，無気力状態につながっているように思われるのである。事例3のCのように，学習においては理解に時間がかかる，記憶するのが苦手，行動においては皆と同じペースで活動できない，他の人よりできないことが多い，といったような学校生活では，劣等感や無力感を感じざるをえないだろう。そこから，あきらめの感情や無気力状態が生じてくるのも仕方のないことである。

　このような傾向をもつ子どもたちが，劣等感や無力感を感じることなく，むしろ「自分でもできる」という効力感や充実感を感じることのできる教育課程，教育方法，生徒指導上の工夫が必要である。

4 ── 家族への支援

　子どもが無気力状態のときには，外側からの働きかけに反応を示さなくなる。ときに引きこもりのような状態になって，外界と接触がなくなってしまうこともある。このようなとき，学校や相談機関は保護者と連絡をとっておくことが望ましい。保護者を通して子どものようすを知ることができ，子どもに対して，どのようなタイミング，どのような方法で働きかければよいかといった判断材料を得ることができる。また，保護者を通して，子どもに間接的に働きかけることもできる。

　さらに保護者との面接や連絡を通して，保護者自身の不安を軽減させたり，保護者が子どもの状態を理解するのを援助したりすることもできる。保護者は子どもの状態を理解し，自分自身の不安を自分で抱えられるようになると，子どもに過度なプレッシャーをかけなくなる。そして，子どもが動き出そうとするときに，学校や相談機関との橋渡しにもなってくれる。筆者にも，母親だけが相談に来ていて，数か月後，長い時は数年後に，やっと子どもに会えたという事例がある。すぐに子どもに変化が生じるとは限らない。本人とも保護者とも，細く長くつながっていくことも大切な支援である。

中学生の生活は，まわりの人や本人が思う以上に忙しい。勉強や部活動といった学校生活だけではなく，友達づきあいや先輩後輩関係，異性に関心をもつこと，音楽やファッションに熱中することも中学生にとっては大切な経験である。このような活動を通して，中学生たちは自分の多面的な可能性を模索しているのである。ときには挫折を味わうこともある。がんばりすぎて疲れてしまうこともあるだろう。そんなときには，息切れする前にホッと息抜きができる機会や場所が，そして，1つのことに失敗しても，まだまだ多様な可能性をもっていることをまわりの人々がわかっていて，彼らを支え励ましてあげる姿勢が必要ではないだろうか。

Column ⑩

青年における無気力と恋愛—恋愛による無気力，恋愛に対する無気力—

　青年期は，異性との交際への欲求が高まり，交際が実際に始まる時期である。これを現代的問題としてみれば，「異性交際の乱れ」—性交渉の低年齢化，望まぬ妊娠の増加，エイズ感染の問題等—がきわめて重要であることはまちがいない。しかしそれよりずっと昔，たとえば 30 年程前，筆者は「女の子に夢中になると勉強がおろそかになって，頭が馬鹿になる（＝無気力になる）わよ」と両親から叱られた記憶がある。恋愛は青年を無気力にするのだろうか。それは今でもかわらないのだろうか。

　そこで私は 2005 年 3 月，私は小学校高学年から中学生がユーザーの中核を占めるあるブログ（Weblog）の付帯サービスで彼／彼女らに質問してみた。

　「好きな男の子・女の子と付き合い始めると，勉強や部活などがめんどうになったり，付き合い以外のことに興味がなくなったりするようなことってあるんでしょうか」。

　回答してくれた人は 61 名と多くなかったが，「はい」と「いいえ」がほぼ半数ずつだった。恋愛は，学齢期の彼らの本業（学業）に，今もなお影響を与えているようだ。

　これに関して西平（1999）は，青年期の恋愛関係と自我同一性の関連について，同一性拡散の 7 側面を恋愛と関連づけた大学生の手記の分析を試みている。「勉強」「部活」はおそらく「勤勉性の拡散」に該当するのだろう。冨重（2001）も，これをふまえた調査を行い，因子分析の結果，恋愛関係へののめりこみと，恋愛以外の領域での活動に対する動機づけの低さに関する因子を抽出している。

　これが現在の青年に当てはまるのなら，学業や仕事はさておき，恋愛では精力的に，自分（たち）にしかできない「オリジナル・ラブ」を満喫していることになるのかもしれない。しかし，実はそうでもないようだ。特に結婚適齢期といわれている 20 代後半，青年期後期にもなると，特に男性の恋愛への態度は淡白で，「自然に違和感なく入ってきてくれるような淡い関係」「恋愛以外の部分も大切に」といった受動性も目立つ（冨重, 2004）。

　恋愛が文化的知識の集合体であり（楠見, 1994），また物語的性質を強くもつ（Sternberg, 1998）ことも考え合わせれば，恋愛による勤勉性の低下といった「無気力」現象は青年期初期にはあるかもしれないが，青年期後期になると，恋愛に対する無気力や惰性といったことも，エリクソン（Erikson, 1959）の「アイデンティティ」や「親密性」と関連付けて研究課題とするのは興味深いように思われる。

第2節

高校生の無気力への対応

1 高校生についての発達心理的な理解

❶── 高校生という年代

前章において高校生（あるいはその年齢に相当する青年を含む。以下，同様の意味で用いる）の無気力について概観した。本節においては，そうした無気力に陥った高校生への対応や援助のあり方について述べるつもりである。そのためにまず第一に整理すべきことがある。高校生という年代が青年心理学および精神医学研究のなかでどのように位置づけられているかという点である。青年期という言葉が市民権をもちはじめ，発達心理学の研究領域としての地位を確立した歴史は意外に浅く，20世紀に入ってからとされる（笠原, 1976; 福島, 1992）。笠原や福島によれば，中世の絵画で子どもが「小さな大人」として描かれていたり，わが国でも15歳くらいで元服という形で一定の責任と権利を有したりしたように，かつては大人と子どもの中間的存在としての青年という概念は存在せず，子どもは一定の年齢を迎えるとすぐに大人の仲間入りをしていった。それが，産業革命によって近代国家が形成される時期を迎え，衛生面の飛躍的な向上によって十代の世代の生存率が大きく伸びたとともに，社会・経済上の変化に対応するための技術取得のためにはより長い教育期間を必要とするようになった（図3-1上部にこのことをまとめてある）。そうして青年期という期間が確固たる地位を得るとともに，その期間も長期化していたのである。当然, 青年期という期間が長期化する中で, 青年期をいくつかの区分に分け,

その固有性や各時期に好発しやすい精神障害などが論ぜられるようになっている。それでは高校生という時期は，青年期のどの時期にあたるのか。これについて，青年精神医学の代表ともいえる2人の考え方を紹介する（図3-1参照）。前章でも取り上げたサリバン（Sullivan, H.S.）は，特に青年期以前の時期における同性間の協同関係を重視しているが，彼の青年期の区分は，前青年期（10歳～14歳ごろ），青年前期（14歳～17歳ごろ），青年後期（17歳～22歳ごろ），プレ成人期（22歳～30歳ごろ）の4つの時期に分けてとらえている。特に，前青年期における同性との親密な協同関係（チャム）の形成可否は，後の統合失調症の発症にまで影響を及ぼすという独自の理論を展開したのは前章で述べた通りである。これに対し，ブロス（Blos, P.）は青年期を，「青春期」という言葉を用いて5つの時期に区分している（ちなみにブロスは，思春期としての生物的な成熟が停止し，社会心理的な因子が主たるウエイトを占める後期青春期，初期成人期にあたる18歳以降の発達段階に限定して青年期という用語を用いるべきだという考えに根づいている）。それによれば，前青春期（10歳～12歳ごろ），初期青春期（12歳～15歳ごろ），中期青春期（15歳～18歳ごろ），後期青春期（18歳～20歳ごろ），後青春期もしくは初期成人期（20歳～30歳ごろ）という区分になる。そして，サリバンの区分によれば，高校生は，前期青年期と後期青年期の両時期にまたがるということになり，ブロスの区分であると，中期青春期にほぼ該当することになる。ここでは，青年期理論の詳細について述べることが本来の目的ではないので，両者の理論的な背景等には深入りしないが，いずれの理論も主要な課題として，性的な願望が高まるなかで，いかに異性との成熟した関係を築くか（あるいはその準備状態ができるか）という点は共通している（阪本，1976; 皆川，1980）。もっとも，筆者はもう少し高校時代というものを柔軟にとらえたほうが現実的であると考える。高校生すなわち，15歳から18歳までの年代に当たる者は，第二次性徴に伴う身体の変化，性欲動の高まりに当惑・混乱しながら最終的には異性との親密な関係構築へとつなげていくという青年期前半部の課題と，アイデンティティ確立という言葉に凝縮される自分なりの生き方のモデルを模索していくといった青年期の後半の課題とが渾然一体となった時期であり，従前の青年期理論では明確に区分することが困難でないかと考えている。笠原（1976）が青年期前半を説明す

るのに有用なのがサリバン，後期を説明するのがエリクソン（Erikson, E. H.）と述べているのも，中学生と大学生の中間的な存在に当たる高校生世代をひとくくりに説明しづらいことを間接的に示しているように思われる。それゆえに，研究者の力点の置き方や接してきた事例により若干の見解の相違が生じているのではないだろうか。ひと口に高校生の不登校という，周囲からは無気力と映る現象も，その問題の背景が母子分離不安に根ざしているかもしれないし，将来の男らしさやアイデンティティをめぐる葛藤を内在したものかもしれない。笠原（1976）は「自分たちの臨床経験から独自に青年期の区分を割り出すしかない」と述べているが，何らかの問題行動を起こした高校生の助言や援助に当たろうとする際，今一度青年期を発達心理学的・力動的観点から整理を試み，少なくともある程度の立場を明確にすることが，相手に振り回され，援助者側が混乱するという事態回避の第一歩ではないだろうか。

2 ── 問題の対処

では具体的に高校の無気力の問題に対処するにあたり，どのようなことに留意する必要があろうか。無気力の対応については，大学生の無気力，すなわち

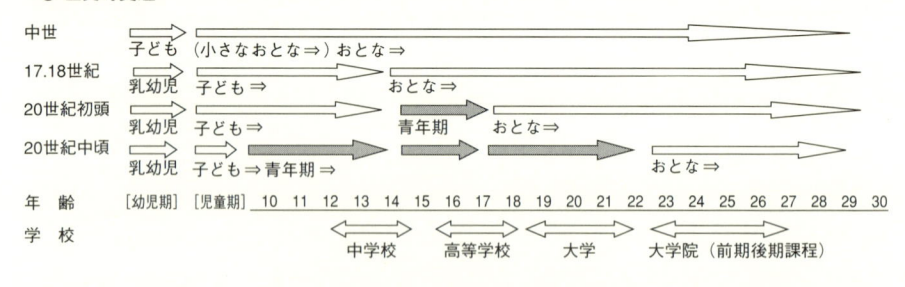

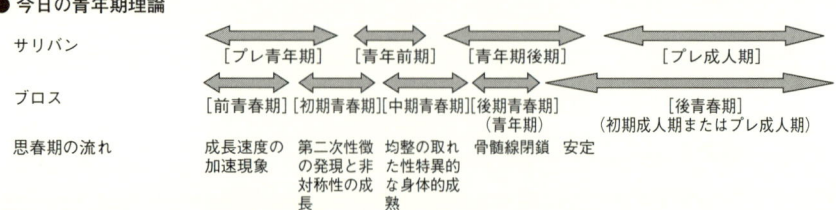

図3-1 青年期の区分について（笠原, 1976; 福島, 1992 より作成）

第2節　高校生の無気力への対応

スチューデント・アパシーにおいては，かなり多くの言及がみられる。ここではスチューデント・アパシーへの対応との共通点，高校生がもつ独自性から特にこの世代において留意すべき点に便宜上二分して述べていくことにする。まず，スチューデント・アパシーの対応との共通すべき点として，①青年期の発達理論習熟の重要性，②援助者に対する拒否的な構えの強さ，③斜めの関係（笠原，1977）の有効性，④対応に当たる者が対象の new object（片山，1969）の役割を担い，同時に相手のアイデンティティ・主体性を飲み込まないこと，の4点をあげたい。

①はすでに筆者なりの見解を示したので省略するが，無気力に陥った青年が治療や援助を進んで求めようとしないことは容易に想像がつく。スチューデント・アパシーについては，佐治（1976），笠原（1977），土川（1981），嶋崎（1984）ら多くの治療に当たってきた者が，自主的に学生相談室に訪れる場合はまずないと共通して述べており，高校生についても自主的に教師などに相談にくることはまれだろう。第2章で取り上げた「高校生の就職問題に関する検討会議報告」（2001）で，無気力で進路にまったく希望をもっていない，あるいは学校の指導に乗らず希望が把握できない一群などがその典型例なタイプといえる。この際，無理やり進路相談室等に連れてきて自分を見つめ直してみるよう諭したところで逆効果となるのはいうまでもない。こうした際にとるべきスタンスとして，笠原（1977）がスチューデント・アパシーとのかかわり方で提案した，「斜めの関係」にあることが高校生にも有効であると思われる。笠原によれば，成人に対するアレルギーさえも感じるスチューデント・アパシーへ対応は，父親－息子，母親－娘，教師－学生，上司－部下といった上下的直径的人間関係からひとまず離れ，情緒的に巻き込まれたり愛憎のしがらみに溺れたりせず，しかも対世間的面目や責任から比較的自由である「叔父－甥（叔母－姪）」的な関係を結ぶことが彼らに近づきうる唯一の方法であることを述べており，このことは高校生の無気力対応にも通ずる点と思われる。相談・援助者自身が対象者とその関係者のなかで，こうした「斜めの関係」的な存在であろうとすることに打開の道が見えてくるかもしれないし，対象者の周辺で「叔父－甥（叔母－姪）」的な関係を結ぶことが可能な資源がないかを探ることに一筋の光明を見いだすかもしれない。④の対象の new bject（片山，1969）の役割を担う

というのは，馬場（1976）が青年期の発達上の課題を抱えた患者に接する際の治療の技法原則として引用しているものの1つである。すなわち，片山が強調しているのは，治療者が父母からの分離や孤独感を解決する過程において発達促進的に依存対象となることを引き受けて，家族以外の人物への同一化を助けていくという点であり，馬場も14歳から18歳までの対象とした治療原則では優れた指摘であると全面的に賛意を示している。このように中立性の原則をある程度保つにせよ，対象者と同じような悩みを乗り越えてきた（あるいは乗り越えつつある）者として，積極的に自らの経験を開示したり，臆することなく生き方の1つのモデルとなることを引き受けたりすることが，青年期治療の関係にはかなり重要なウエイトを占めると思われる。もちろん，こうしたことの大前提として，自分自身の生き方に対する安定性や自尊心をもっていることが不可欠であることはいうまでもない。ただし，対象者の1つのモデルを臆せずに引き受けることには大きな落とし穴が隠されている。それはエリクソンのいう「患者アイデンティティ」の形成である。すなわち，アイデンティティが拡散している青年は，何かしらの役割や自己定義を求めるあまり，主として精神科医の下す診断名に拠り所を得て，自分自身が選択する道を失ってしまうという現象である。エリクソンも治療という美名のもと，治療者が患者を取り込み，それによって対象者の主体性や独立性を押し殺してしまうことを厳しく戒めている。本書の読者は，治療的なかかわりをする者は少数派かもしれないが，アイデンティティが拡散し，自分の進むべき道が見いだせず内面では強く苦悶している者は，すべての可能性を残しておくことですべてに関与しない（鑢，1990）メカニズムが働いており，確固たる生き方を確立した「大人」は，自分のことを飲み込んでしまうのではないかといった不安や恐れを喚起させる存在であることを肝に銘じておかなくてはならない。特に，サリバンや笠原の述べるところの，青年期後期のアイデンティティ確立の課題を抱えているような高校生と接する際には，「（対象者の）主体性を侵さず，過度な干渉を控え，忍耐強く患者の内部に熟成してくるものを待ち続ける態度」（馬場，1976）が求められるのであり，そのことではじめて他者と自己との基本的な信頼感を生み出すための土壌がつくり出されるといえよう。その点，援助に当たる者が知らず知らずのうちに対象者を一定の価値体系の下に飲み込んでしまうことのないよ

う自己検証する機会をもたなくては，偽りの過程で自立を急がせるあまり，肝心の自発性や主体性を失ってしまうことになりかねない。

3 ── 高校生のおかれた状況

　以上はスチューデント・アパシーに対する治療・援助のあり方を抜粋し，それがある程度高校生の無気力への対応策においても同様に示唆に富む指摘であることを述べてきた。しかし，いくら今日の青年期心理学の枠組みで高校生という年代をひとくくりにとらえることは困難だとしても，高校生に固有の心理的特性およびそこから発生してくる援助者側の特別な配慮が無用ということにはならない。まず確認したいのは，高校生は学制上1つ上位にある大学生に比して，将来の決定を猶予・延期するという選択肢に対し，世間の風あたりが冷たいということである。大学生が本来正業とされる学問を怠り，サークル活動やアルバイト，さらには目的を決めない一人旅に興じるのを垣間見て眉をひそめる大人たちはいるが，同時にそのことを時代が，そして親世代が許容している部分も相当に多い。しかしながら，高校生はそういうわけにはいきにくい。アルバイトできる職域も大学生よりはるかに限られることから経済的依存度も高く，しかも，自分の可能性を自由に試す機会もかなり制限されている状況下で，高校生は自分の進むべき方向性について何らかの答えを出さなくてはならない。その中で焦り・不安が生じやすいことは容易に想像がつく。スチューデント・アパシーを最初に取り上げたウォルターズ（Walters, 1961）が治療姿勢として言及した，「あなたは行動しないことでどんな行動を避けようとしているのか」という直面化はほとんど無意味で，拒否的な感情を抱くだけであろう。これに加え，高校生は言語表現力や抽象的にものごとをとらえる能力が大学生よりは総じて未成熟なことも重なって，アクティングアウト（考えるよりも行動が先んじてしまうこと）の危険性が多く，いわゆるカウンセリングの土俵に乗らず，早々に暗礁に乗り上げてしまいやすいと思われる。

4 ── そのほかに理解しておくべきこと

　前章の最後の部分でも述べたが，青年心理学の多くの研究者が青年期の主要な課題としてアイデンティティの確立をあげている。しかし，高校生の無気力

を考える際，サリバンのいう前青年期の同性との親密な関係の形成の可否，エリクソンがいう青年期の前段階である児童期の発達課題の失敗，すなわち「勤勉さ」「生産性」よりも「劣等感」が優位であったことがより色濃く影響を与えているように思われる。とりわけ，発達課題が未解決（場合によっては失敗）なために生じた劣等感は，自己イメージの低下や新たな課題に対し，はじめから良くない結果を予期させ，結果的には回避的で無気力な行動を選択しやすくさせていると思われる。これは筆者の経験からくる私見であるが，「ただなんとなくすることがないので」夜遊びに興じている高校生（中退者，中卒者を含む）に対し，どのあたりから自分の生活が崩れはじめていったかを尋ねると，小学校から中学校への移行期に学業面で落伍したことを推測させる者が非常に多い（本人自身は中学2年生ごろからと振り返るが，実際に出身中学への照会では前出の時期であることが多い）。このことは，スチューデント・アパシーの範疇に属する者が，学業に対する努力がある程度報われ，周囲からも期待や羨望を集めるなど，いわゆる「黄金時代」（笠原，1977）をもちながら，社会に出るという主体的な決定を目前にして，失敗・挫折して未熟な自分を露呈しまいとするのと好対照をなしている。高校生の無気力の改善は，むしろこれまでの失敗・挫折によって形成された否定的な自己イメージを，効力感や有能感を少しでも味わえるような経験を積ませることで良好なものに変化をうながす働きかけが重要となる。特に，比較的エネルギーがあり，活動性も高いという一群では，そうした状況の設定がその後の好転へとつながる場合も多いのではないかと思われる。また，スチューデント・アパシーがあくまで大学に入学した者が対象なのに対し，高校生の無気力は比較的真面目な生活を送ってきた者が突如引きこもりを呈し，不登校等に陥ったという事例から，将来への希望を何らもたずに正社員となることをあきらめてしまったフリーター，さらには小田（1991）がアパシー型非行少年とよんだような，従前のような大人に対する虚勢や面子を前面に出そうとせず，非行動機も「面倒くさいから」としか述べないような犯罪少年をも含んでおり，その現れ方が多岐に及んでいることも特徴的である。笠原（1976）が中学後半もしくは高校前半に当たる年代の不登校は母子分離不安から説明できる事例のほか，青年期の後半になってスチューデント・アパシーに移行するような「男性アイデンティティ」の問題が一枚から

んでいる者が少なからずみられるという示唆に富んだ指摘をしているように，この年代独特にみられる無気力の質的な差異にも着目しないと援助の方策を誤ることになってしまう。そうした点を識別する1つの視点として，精神分析で用いられる，「自我親和的 対 自我違和的」という考え方が有効となる。すなわち，自我違和的なタイプは無気力で停滞した現状を，「学校に行きたいのだけれど行くことができない」など，思うようにならない自分への苦悶・いらだち等が認められるのに対し，自我親和的なタイプは周囲からは実にあっけらかんとしているかのように映り，自身のあり方について特段の違和感を抱いていないようなタイプのことを意味している。そして，後者については青年期後半の無気力の問題性を背景に抱えているのではないかと推測するのが懸命であろう。

2 打開へのキーワード

これまでスチューデント・アパシーとの類似点・相違点を概括するという手法を用いて，高校生の無気力の特性および対応について検討してきた。無気力状態を呈している高校生に対する特効薬はないし，「こうすれば安心」といったマニュアル的な対応もほとんど意味をなさない。唯一通用するのは対応に当たる者の真摯な態度，生きる姿勢だけが相手に変化を起こしうる可能性を有していると考えている。そこで最後に筆者なりに，無気力な高校生に接するにあたり「もしかしたら」事態を打開する契機となるかもしれないキーワードをあげることとしたい。ただし，これから述べることがらは，無気力という限定された対象のみにいえることでなく，カウンセリング，広義には人間に対し何らかの心理的な援助を試みる場合に共通することであると念のために記しておく。また，「もしかしたら」という言葉を用いたのは，マニュアルのような知的理解でなく，援助者自身のパーソナリティのなかで十二分に咀嚼したうえでないと意味をなさないということを再度確認してほしい趣旨を含んでいるからである。

第3章■青少年の無気力への対応

1 ── 時間稼ぎの有効性

　時間稼ぎというと，何か逃げ腰的なニュアンスがあるが，心理的な援助，特に発達途上にある青年期を対象とする場合には有効となるときもある。藤掛（1995）は非行臨床の現場においては，本人がある程度成長，成熟するまで時間を稼ぐことしかない場合があることを指摘し，そのなかで同じく非行少年に長年携わった澤田（1994）の言葉を引用している。

　　「同年輩の者が高校を卒業する頃になると，非行少年のかなりの者は仕事に落ち着くようになる。同年齢の多くの者は学校を離れ，大人並みの生活をするようになると，社会で生きる条件として学歴がそれほど強い影響力を持つわけでないことに気付き始める。"悪い自分"であっても，経済的にそれほど遜色のない生活が送れるという実感が得られ，無理に大人であることを強調する必要はなくなる。さらに学校に縛り付けられてきた同年輩の者が大人ぶった遊びをするようになるとそれまでやっていた不良行為の魅力は後退し，仕事をしている限り，高卒者と同じようなような生活ができると実感する。」

　この言葉は非行少年に限定されることでなく，この年代の援助に当たる際に心掛けるべき1つのヒントが隠されているように思える。さらに藤掛は指導者の努力とは別に，十代の終わりごろになると，学歴により生じていた疎外感・無力感が弱まり，よい意味で開き直って自分の現状を受け入れられるようにもなるとしめくくっているように，援助者自身の無力感解消のために早急な解決を求めることを控え，本人の成長を信じ見守り続けるというスタンスが大切であろう。そして，無気力で停滞した毎日を送っているかにみえる高校生にはさまざまな悪循環が生じていることが多いが，その連鎖を断ち切るために，周囲との関係性の変化を必要としているケースが少なくないと思われる。

2 ──「待つ」という行為

　これも上記と重複することであるが，心理的援助の観点から「待つ」ことを再確認したい。心理療法で待つことの有用性は多く語られているが，実際に待

つことは一筋縄にいかず，たとえあまり効果はないと予想していても何らかのアドバイスをしたほうがよほど楽なことが多い。そのほうが援助者自らの無力感を紛らわし，親・教師といった対象者の関係者からの批判等を一時的にしろ回避できるからである。河合（1991）が，「ただそこにいることが恐ろしくて努力の中に逃げ込んでいる」という表現を用いて，何らかの努力，あるいは何かの解決策を提案せずに，当事者とそこにい続けることの難しさを指摘しているのも同様のことを警鐘していると思われる。しかし，「待つ」ということは受身的に何もしないといった意味ばかりでなく，「将来を期待する」という意味を含んでいる。また桑原（2004）は，"bide"には「好機を待つ」という意味があることを指摘し，その好機とは鶏の卵がかえるとき，殻の中で雛がつつき，殻をやぶるような「啐啄（そったく）」の時ではないかと述べている。さらに調べてみると，啐啄とは逃したらまたと得がたいよい時機（広辞苑第3版）という意味も有しており，そうした時機を臨床場面で「待てる」ことは，きわめて能動的な行為であり，長期的な見通しをもってケースをとらえられるなどの高い専門性を有しているからこそできるとも思えるのである。

3 ── 変化に対するアンビバレント（両価性）

　カウンセリングをはじめとする心理療法の共通の目的は，個人が抱えていた葛藤や問題を解決し，その結果としてその個人の成長をうながすことに集約される。そこには当然何らかの形での変化への期待を前提としている。しかし，そこに私たちの心理的援助を志す者がおうおうにして見落としかねない点が隠されている。菅野（2003）は「カウンセリング原論」という連載のなかで，カウンセリングとは「相手の話を良く聴くこと」であるといった，あまりにもあたり前すぎて従来の心理療法の第一人者がほとんどふれてこなかった点を，真正面から取り上げていることで，得るべきものが非常に多いと筆者はとらえている。菅野はカウンセリングの典型的な失敗例として，相談内容をある程度聞くと，「なぜこの人は（暴力的な夫と別れるなどの）現実的な選択肢をとらないのだろう」といった疑問が生じ，そのことを相手に伝えてしまう事例をあげている。すなわち，人は（常識的にみれば）不合理な対処をしているようにみえても，本人自身にとってはよりよい状況を選択しているのであり，全面的に

悪い選択をしているかのようにカウンセラーがとらえてしまい，結局は何も生まれてこない場面をつくり上げてしまうことを戒めている。さらに菅野 (2004) は,「人は基本的に変化を好まないものだという認識をもつようになった。(中略) ほとんどの人はどうなるかわからない未来よりも，苦しいけれどよくわかっている現状を選ぶものである」と自らの臨床経験から語っている。私たちは知らず知らずのうちに,「相手のために」と百パーセントの確信をもって相手が変わっていくことを急いでしまったり，さらには強要したりしていないだろうか。無気力な高校生を前にしてなぜ全力でぶつかっていこうとしないのかという思いに誰しもがられるだろう。しかし，相手は現状に対する漠然たる違和感をもち，変わりたい気持ちを有していたとしても，同時に変化を恐れる気持ちや変化するとしてもできるだけ危険の少ない安全・確実な変化を望んでいるかもしれないのである。そのような変化に対する二面性という「あたり前のこと」が抜け落ちてしまうと，相手との距離は永遠に平行線かもしれない。

4 ── 信頼できる大人との出会い

　最後に述べるのは理論的なことではなく，あくまで相手にとっての有益な体験について言及したい。これは私たち自身がどのように自分の人生と向かい合っているのかという問題を突きつけられることにもなるが，要は自分の生き方，職業に対して肯定感を抱いて生きている「本当の大人に出会う」こと（玄田，2004; 佐藤, 2004）こそが, 非常に大きな影響力をもつということである。ただし，高校生の親世代とは，その多くが自分の生きがいや将来の展望を考える余裕もなく，ただもろもろの不安に漂いながら生きている世代（村田, 2004）であり，自己のアイデンティティ形成にさまざまな障害が待ち受けていると感じやすい高校生世代に生きるための明確なモデルを示すことは困難である。これまでもふれてきたが，自発性や意欲に欠けた高校生に対して密室のカウンセリングを施しても限界が生じやすい。むしろ，現在では貴重となった，働くなかで夢の実現に向けて生きている大人との出会いをプロデュースできる能力がかなりの重要性をもっているように思われる。そうした出会いのなかで，自分にもやりたいことが見つかるかもしれない，可能性を広げられるかもしれないと感じる経験をさせられれば，それは「心の鉱脈」（河合, 1991）を掘り当てたことに

つながるのではないだろうか。また，働く真の大人との出会いを通じて自分の存在は否定されるわけでもなく，失敗をも許容してもらえることを実感できる経験をくり返すことで，それまでの失敗や挫折経験によって強まっていた劣等感や自己否定感も少しずつ軽減され，一人前になる勇気や力も湧いてくるものではないだろうか。本章を締めくくるに当たって精神分析の観点から青年期後半の課題について述べた，狩野（1990）の言葉を紹介することとしたい。

「ちょうど空中ブランコの曲芸人のように青年は幼児期の横棒を離して成人の世界のもう一つの別の安全な横棒をがっちりつかまねばならないのである。そしてこれを可能とするのは手を離しても彼を受け入れてくれるという信頼感―発達早期の基本的信頼感に由来する―である。」

Column ⑪

無気力とアイデンティティ

　アイデンティティとは，わかりやすくいえば，人間一人ひとりが，自らの人生を生き生きと歩んでいるという状態を意味する。とすれば，「無気力」という概念とは，180度異なる概念といえる。ただ，アイデンティティという概念には，もう一方の負の側面（アイデンティティ拡散）も，同時に混在しており，相対的にアイデンティティの比率がそれを上回ったときに，生き生きとした人生が展開していくと考えられているにすぎない。そう考えると，アイデンティティは，「無気力」とそれほどかけ離れた概念とはいえず，むしろ，かなり類似の概念ということもできる。

　しかし，こうした複雑なアイデンティティという概念と「無気力」の概念を考えるに当たっては，その類似点を指摘するよりも，その差異を考えるほうが理解しやすいと考えられるので，ここではこの観点から記述を行いたいと思う。

　アイデンティティの状態にある人は，本質的に，「無気力」に陥ることは少ない。また，陥ったとしても，比較的早期にその状態をから抜け出すことが可能である。そのキー・ポイントは，自我の強さという点にある。「無気力」の状態が長引くことは，何らかの負の刺激に圧倒されているということが多く，自我がそれに負けてしまっているということを意味する。しかし，アイデンティティの状態にある人は，それを順次克服し，元のレールに戻そうとする力強さを兼ね備えている。それが効果的に作用し，過度の「無気力」の状態に陥るということは少ない。その逆に，アイデンティティ拡散の状態にある人は，自信のない足取りで右往左往しながら生きていることが多く，ときに，深い「無気力」の状態に陥ってしまうことがある。一歩も前に進めずに，立往生してしまうのである。「自分には何ができるのか？」「自分は何のために生きているのか？」「自分の将来はどのようになるのか？」等々の問いのなかに自ら埋没してしまい，前に進むエネルギーが引き出せないでいるのである。

　しかし，その一方で，「無気力」の状態のなかで自問自答を行い，それが人生を切り開く原動力となることも多い。アイデンティティの概念の提唱者のエリクソン（Erikson,E.H.）自身が，そのような人であったということさえできる。こう考えると，「無気力」とは，必ずしも否定的な内容をもつ概念ではなく，人間の成長への原動力ともなる，魅力的な概念といえるのである。

第3節 大学生の無気力への対応

　無気力な状態を示す大学生への援助を考える際には，第2章で取り上げた種々の状態像のいずれにあてはまるかを検討しつつ，教育機関として可能な働きかけを考慮していくことになる。

　大学生，とりわけ20歳を過ぎ法律上は成人として扱われるべき者に対して，どこまで踏み込んだかかわりを行なうべきかについては議論があろうが，青年の今日的な心理的適応状況を考えれば，いっそう積極的な関与が必要とされる事態になっているといえよう。

1 「五月病」への対応から─無気力の一形態として─

　大学生の無気力を語る際によく取り上げられた用語の1つに「5月病」というものがある。必ずしも学術的な用語ではないが，たとえば以下のように定義されることがある（齋藤，1999a）。まずここから，大学生へのかかわり方を工夫するきっかけを考えてみよう。

> "現代の学歴社会の中で，過酷な受験競争を通り抜けて入学してきた大学生が，試験の緊張感から開放され，あるいは，大学の講義内容に失望し，入学後しばらくたった時期に虚脱感，無気力感を生じてスランプに陥り，無為怠惰な状態になることをいう。一種の荷おろしうつ病的な状態と考える見解もあるが，その背景には，大学入学以前の教育システムに比べて自律的な生活を求められるという要請特性の転換に適応していくことへの戸惑いがあり，社会的体験やソーシャルスキルの欠如といった現代青年の発達的な課題が影響してもいる。"

ここから読み取れる，大学生の無気力を考えるいくつかの要素について以下，順に考えてみる。

① 高校までの学校システムにおける要請特性（受動的に，正確に，効率的に課題をこなす）と，大学という教育システムにおける要請特性（主体的に，創造的に，自律的に課題に取り組む）との相違に，多くの学生たちが困惑すること。たとえば"破滅的変化"（田中，2003）と言われるほどの混乱を経験することへの認識が薄く，欧米の大学に比して，わが国の大学の新入生に対する適応支援はあまりに不十分である。

② 大学の授業形態の問題も否定できない。多くは，大講義で講師による一方通行の伝達という授業が多く，また，内容的にも学生の理解度や感性に沿ったものではないため，せっかく入った大学に対して容易に魅力を感じなくなってしまう。この傾向は，第1志望に入れなかった，いわゆる"不本意入学"の学生たちにより顕著に現れやすい。この点については，各大学で種々のカリキュラム・授業改善（少人数ゼミの導入，双方向性の授業，専門教育の低学年からの実施等）が試みられている。

　また，第2外国語，あるいは，体育実技といった出欠が確認される講義において，逆に自身の能力や学習状況が露になりやすいことから，大学への抵抗感を強める場合もみられる。

③ "荷下ろしうつ"という用語にも現れているように，精神医学的な問題との重なりが議論されるが，神経症（ノイローゼ）としての"うつ状態"，あるいは気分障害としての"うつ病"と称して良いのかどうか確定しにくい。無気力は多くの学生に共通する状態でもあり，また，その程度と持続期間の相違で，多様な診断がありえるものである。

④ 思春期までの発達段階において社会的経験が乏しいことが，新たな環境に入る際のストレスへの耐性を育てていないことが背景にある。また，キャンパス内で新たな仲間集団をつくっていくことを妨げ，こころの拠り所が見いだせないままに学生生活がスタートすることで，何か不都合が生じた際に解決の糸口や相談相手が見つからないままに時を過ごしてしまい，無力感に捕われることもまま生じている。

　いかに友達をつくれるか，あるいはサークルやクラス等での所属感をも

ちえるかが，大学への適応に際して決定的に重要である。
⑤大学の大衆化が進み，学歴にかつてほどの重みがなくなってきたとは言え，やはり大学卒業は１つのステータスであり，本人の自尊心，あるいは家族や周囲の期待の拠り所である。無気力状態になっている自分を直視したくない思いが強く，なかなか人に相談できないために問題が長期化してしまうのは，大学あるいは学校というものの存在の大きさゆえ，という側面もある。一般に生活全般にわたるアパシーに陥る学生は圧倒的に男子が多いが，徐々に女子における例も増えているようである。

総じて，教育機関としての大学のあり方・位置づけ・機能が，学生の適応状態に強く関与していると言えよう。

たとえば，大学からの教育的配慮の一環として，学生相談にかかわるカウンセラーや学生支援に関心のある教職員で「学生生活概論」のような講義やプログラムを実施して，学生たちのキャンパス適応や心理的成長を促す試みも工夫されるようになってきている。かつてはサークルの先輩や下宿の大家さんなどから日常的に学べた生活上の知恵を，いかにいまの大学生に伝えていくかが問われている時代とも言えよう。

2 無気力状態を示す低年次生への対応・援助

さて，実際に無気力状態を呈する学生の姿とはどのようなものであろうか。そしてどのような対応・援助が考えられるだろうか。

筆者の経験から抽出した模擬事例をもとに，まず大学１〜２年生の段階で無気力に陥って動けなくなっている学生へのかかわりを考察してみよう。

【模擬事例①】
学生の母親が「遠方より上京してきたので今すぐ会ってほしい」と電話で学生相談室に連絡を入れてきた。面接時間を約束すると，即座に学生と２人でやってきたが，母親がほとんどひとりでしゃべっている状態である。「そろそろ卒業後のことも考えなくてはいけない時期と思って本人に連絡してみたら，妙に口ごもるので不思議に思っていた。教務課の窓口に問い合わせてみたら"留年をしている"と言われて…。いったいどういうことなんでしょうか？　あんな

第3章■青少年の無気力への対応

に真面目だった子が！　それに大学はどうして放っておいたのですか？とにかく本人を引っ張ってきましたからきちんと勉学するように諭してください！」と困惑した表情でひたすら訴える。ところが当の学生本人は，かすかな微苦笑を浮かべるのみで，自分からは特に何も話そうとしない。

　生活状況はいわゆる昼夜逆転に近いようで，下宿ではパソコンやゲームに興じているだけとのこと。食事もコンビニ弁当やインスタント食品を不規則な時間に摂っている生活で，からだの方も心配になってくる。

　母親がひととおり話していく分か落ち着かれたところで席をはずしてもらい，本人から改めて事情を聴くことにしたが，本人は「べつに相談することもないです…。明日からちゃんとやりますから…」としらっと述べ，早く終わらせてほしいと言わんばかりである。とにかくゆったりと構えて本人に抵抗のない話題を取り上げていくうちに，数十分後には「これまでの生活から流れを変えていくきっかけとして，1週間に1回くらいはここに来てみないかい？」という提案に，ためらいつつもうなずいてくれた。

　定期的な面接になったものの，なかなか自分の経験や気持ちを語ることはできず，一見表面的な話題に終始していたが，数か月後ほどたったころから「授業は一方的に進むし，質問できる友達もできないままに…」「留年してからは下級生に囲まれての授業に耐えられなくて…」「どうしても親には言えなくて…どうとでもなれという気持ちだった」と自分の言葉で語れるようになっていった。

　在学年限が心配であったので「休学」を提案したところ，本人もこれを受け入れ，事務窓口に手続きに行ったり，教員に印をもらうついでに専門課目や進路について思いがけずざっくばらんに話ができたり，という形で大学との接点が保たれることとなった。そして休学期間中に，アルバイトやネットを通じて徐々に人間関係をひろげ，1年後には「復学」に至り，最終的には卒業・就職につなげることができた。

　この模擬事例①では，本人に危機意識がきわめて薄く，無気力状態が継続・深化し，しだいに生活範囲が限定されていったスチューデント・アパシーと考えられる。この事例への対応として，考慮すべきであった事項について順次考えてみよう。

■1──早期発見・早期対応のために

　何より問題なのは，不登校からさらに留年へと事態が進行していたにもかかわらず，周囲の者がだれも気がつかず，援助的な関与がなされないままに年月が過ぎてしまったことである。

　本人が自身の状態を問題としてとらえず，相談・援助を求めて来ない以上，なんらかのチェック機能を大学が果たさざるをえないことになる。小規模大学

の場合，もともとクラスのような中規模の集団で講義が行なわれるため，不適応状態への発見が早期になされやすいが，大規模大学になるほど細やかなまなざしが学生に向かいにくくなる。

そのため近年の傾向として，多くの大学で，1年次から「クラス担任」の設置・強化，「小人数ゼミ」の開設，「チュートリアルシステム」（教員による個別的な学習・適応指導）等が見直されている。また，履修課目届け等の必要な手続きを行なっていない学生や，単位取得が少ない学生または成績不良学生等，留年のリスクが高い者に対して，呼び出し面接を行なう大学も増加しつつある。さらには，成績表を本人のみならず，親・家族にも送付し，学習状況（単位取得・進級等）を知らせる試みが広がっている。"大学生にもなって…""本人の責任で対処させるべき"という戸惑いの一方で，学生の現状に鑑み，より積極的なかかわりが志向されるようになってきていると言えよう。

もちろん，その前段階として，学生間の援助力を高める試み，クラス活動やサークル・クラブ活動の活性化なども必須である。

また学費納入や在学年限の問題から，「休学」「退学」「再入学」といった手続きについての確認が求められる。

2 ── 親・家族への対応

我が子の現状に驚き，うろたえる親・家族への対処も，このような事例では必然的に生じてくる。そもそも親が確認しなければ，この事例では援助へのきっかけがつかめなかったわけであり，大学への不満ももっともな部分がある。

対応としては，いったん親・家族の整理しきれない気持ちを受けとめ，落ち着きを取り戻してもらった後に，今度は，本人の社会復帰に向けてどのようにかかわっていくかについて，考慮してもらうことになる。

まず見守るスタンスをとってもらって本人を揺さぶりすぎないことが前提になるが，一方で，（特に下宿生の場合には）適宜，連絡を取り合うこと，ときおりようすを見に下宿を訪れてもらうこと，さらにある期間，生活をともにしてもらうこともありうる。おおよその場合，学生本人は親・家族との連絡・同居を嫌がるが，ある程度の対人関係や社会的刺激を保障する第1歩として，マイナス面よりもプラス面の方が大きい場合が多い。

また，仕送りや小遣いの金額等の経済的な課題，休学・復学・退学といった学籍に関する問題，再受験か就職かフリーターかといった今後の進路，等，親・家族の意向とのすりあわせが必要な課題が，時期に応じて生じてくる。本人にとってはもっとも避けたい話題であり，基本的には本人を追いつめないよう"いろんな生き方があってよい""今の状態が未来永劫に続くわけではない"といった構えでのかかわり方をお願いすることになる。

　一方で，そのような話題をまったく扱わず，本人の拒否感情の強さに自信をなくし，継続的に関与することを避けたり，相談担当者にまかせきりになってしまう親・家族もいるので，当事者としての意識を取り戻してもらうことが必要な場合もある。

❸── 生活リズムを取り戻す

　なにごとにも取り組めない生活が続くとメリハリがなくなり，時間的な感覚が摩耗して，食事や睡眠，トイレの時間が一定しなくなる。（何もしないよりははるかに良いのだが）ゲームやパソコン，ネットサーフィン等がいっそうその傾向を助長することも少なくない。その結果，ますます動き出すきっかけが見いだせず，状況が固定してしまうことになる。

　まずは室内でできることから，たとえば好きな（まだ少しはおもしろいと思えるような）テレビ番組を見る，ラジオ講座を聞く，軽い体操やストレッチでもしてみる，といったことから，しだいに，朝の散歩や近距離の買い物，サイクリングにでもでかけられたら，事態は少しづつ変わってくる。"動いてみよう"という心身の準備状況をゆっくりと高めていくことが求められよう。

　親・家族との連絡，同居もひとの気配を感じるところから，日常生活とはどういうものであるかという感覚を取り戻すという作用がある。

❹── 社会的経験の重要性

　こころの拠り所となり，心理的な成長・回復を促し，生活に必要な感覚を取り戻す最たるものは，対人関係場面を経験することである。ある程度動けるようになったら，昔ながらの友人，趣味的なことで関心が共有できる知人等との関係が再開できればこれにこしたことはない。

またアルバイトによって得られる経験の重要性はしばしば指摘されるところである。約束の時間を守ること，作業をこなすことで五感が賦活されること，なにがしかの達成感，そして，同僚（顧客）との人間関係，また自分の生活に必要なお金を自分で稼ぐ感覚，さらにはその給与をいかに使うかという思案，等，きわめて総体的な体験につながっていくからである。

5 ── 大学との接点を増やす

不登校や留年が続くと，学内に知り合いが居なくなり，居ても，上級生になっているかつての同級生には声をかけにくい。ましてや，年下の同級生がにぎやかに溢れている教室に入っていくことは至難の技である。

このような学生に対しては，特に復帰し始めたころには，教職員と気軽に接触できような機会が用意されていることが望ましい。事務窓口での対応，担任・チューターとの面談，登校してまず立ち寄れるような居場所づくり（学生相談室や保健センターにそのようなオープンスペースを設置している大学もある），クラス・ゼミなどでの仲間づくりの機会提供，といったことが考えられる。

6 ── 対応する際の留意点

スチューデント・アパシーの状態にある学生への援助は，もっともデリケートな対応が求められるものの1つである。表面上，まったく事態の深刻さに動じていない風であり，問題改善への意欲を示さず，"話してもムダ""話すことなんてない"とうそぶくような学生を前に，途方にくれる気持ちになることもあるかもしれない。在学年限や将来の進路を気にして焦る，親・家族とのはざまで，右往左往する場合もあるだろう。

本人の動じていないあり方（または動じていないように懸命にふるまっているあり方）を尊重しつつ，じんわりと行動と思考のベクトルが外界に向かっていくことを見守るしかないと思われる。共有できる話題は，(1)～(5)にあげたようなことが中心であり，一見周辺的に見えるトピックスを深刻ぶらずに軽やかに話し続けることが続く。"こんなのんびりとしたかかわりで良いのだろうか""もっと問題と向き合わなくてはいけないのではないか？"という，学生がどこかで感じているであろう心情と共通する状況に耐えることで，ようやく，

いつか光がほの見えることもある，といった趣であろう（なおカウンセリング面接におけるかかわりについては後述する。）

3 無気力状態を示す高年次生・大学院生への対応・援助

卒業を前にして，あるいは大学院に進学しており，自分の力で研究に勤しむべき立場にある学生たちが無気力状態に陥って，学生生活が立ち行かなくなる場合もしばしば見受けられる。

【模擬事例②】
　大学院の修士課程で3年目を迎える学生が，指導教員の勧めでカウンセリングに来談した。「このままじゃ卒業が危なそうで…，どうしたらいいでしょうねえ？」と，ひとごとのように，ぼそぼそと語る。自分の意志で来たわけではないせいか，今にも帰りたそうであったが，「今回の来談をきっかけに，生活のリズムをつくる意味でも来てみたらどうでしょうか？」とやんわりと勧めたところ，「まあ，話してもどうにもなる訳じゃないけど，いいですよ」と了解してくれた。
　相談には来たり来なかったりだったが，徐々に親しみを感じさせる話し方になっていき，やがて「これまで特に目的もなく進んできてしまった…。成績が良いと親やまわりが喜ぶから」「自分でも甘いのかなと思うときもある。楽な方へ流されるばかりだった…」と語る。安心できる仲間集団や居場所がなく，子どものころから心理的な拠り所を何も感じられないままに育ってきたといったことも，世間話のような話題の中に混ぜ込むようにして淡々と話していった。
　その後，突然「ほかの学生たちだってどの程度考えて今の道を進んでいると言えるのか？」「テレビやネットでニュースを見てもいやな記事ばかり。世の中の矛盾…報われない人々がいくらでもいるのに，もっともらしいきれいごとを並べる大人たち！」等の批判的な言葉が溢れるようになった。一種の自己主張のようでもあり，自分の内側から外界へエネルギーを放出するかのごとくであり，まもなくして修士論文にも取り組む気力が湧くようになっていった。
　途中で数週間ほど，ほとんど研究室に顔を出せなくなる時期もあったが，指導教員の連絡の取り方が適宜でかつさほど侵入的ではなかったことが奏効したようで，ときおり泣きそうな表情になりながらも論文を仕上げ，無事に修了していった。

無気力の程度としては模擬事例①よりも軽度ではあるが，スチューデント・アパシーに近いと判断される事例である。以下，順に対応の方針を整理しておこう。

1 ── 指導教員の働きかけ

　この事例では，本人の状態を心配した教員がカウンセリングを勧めることで事態の改善に向けた動きが始まっている。大学院生として自力で研究を進めていくことが期待される年代になっても，教職員からの積極的な関与は不可欠であることがわかる。ほとんどの大学院生が2年間で修了し，専門分野を活かした就職先に巣だっていく中で，しばしば不登校状態になり，表面上は危機感がうかがえないままに留年する事態になったこの学生は，教員にとっては理解しがたい存在であったようである。

　しかしながら，学生相談（カウンセリング）の存在をよく知っておられ，"いったいどうしたんだい？指導教員の自分には話しにくいこともあるだろうから，学内のカウンセラーのところへ行ってみたら？"と声をかけることに思い至ったことはさいわいであった。

2 ── 職員とカウンセラーの協働

　ひとたび研究が軌道に乗ったかと思われた後に，秋ごろに再び不登校状態が再燃した際には，教員から"いくら叱っても励ましても動かない。かえって引きこもってしまって連絡が取れなくなる"という嘆きがカウンセラーのもとに届けられた。そこでアパシー状態にある学生の心理的特性とかかわる際の留意点をおおよそお伝えしたところ，"本人を脅かさず，かつ，見放されたと落胆するほどではない頻度・内容でのメールまたは電話"という折り合いのつくかかわり方を見いだして下さり，その姿勢は登校再開後の研究指導にも一貫して活かされることとなった。

　また，秋ごろはカウンセリングにも足が遠のきかけたところだっただけに，再度，相談を勧めて下さったことはカウンセラーにとってもありがたいことであった。双方の専門性を活かし，尊重しつつの複合的かつ多面的な援助として，"協働"という姿勢は今後ますます重要になってくると考えられる（齋藤, 2002a）。

3 ── 予後の問題（卒業後の適応状況）

　このような無気力状態を示した学生が，卒業後にどの程度，社会的な活動に

寄与していけるのかは，教育にかかわる立場からは当然気になることであろうが，現在のところ，予後に関する調査データがあるわけではない。重篤な無気力状態を呈して，不登校やひきこもりの期間が長くなった学生ほど，その後の苦労が多いのは当然であるが，社会的不適応になりやすいハイリスク群として不用意に位置づけることは厳に慎むべきであろう。

学生相談における筆者の経験から言えば，さほど望んだわけではないままに就職した会社に馴染んでいたり，あるいは，新たな分野での学習を志して他の大学や専門学校に再入学して勉学に勤しんでいる学生が，思いのほか，少なくない。そのような可能性をもった存在として，大人の側がじっくりとかかわり続けることであろう。

4 カウンセリングの際の留意点—まとめに代えて—

最後に，学生相談の専門家としての援助，とりわけ個別面接における留意点を記しておこう。カウンセラーとしては当然，すべての相談事例と同様，学生のあり方にまず寄り添うことが出発点であり（齋藤，2002b），いかに"何もしないこと""改善を焦らないこと""本人の内面に入り込まないこと"を旨とした面接姿勢を堅持することが可能かどうかが問われることになる。（ここまで記した基本姿勢については峰松（1990）とかなり共通しているが，無気力の程度が軽度で本人に改善の意志が見受けられる場合には，松原（1990）のように生活分析に焦点を当てるアプローチもありうる。）

スチューデント・アパシーの学生と会っていると"あたかも，淡く薄く結晶化した，向こう側が透けて見えそうな月（あるいはおせんべい）のようで，何かの拍子にパリンと割れてしまいそうな印象"をもつことがある（齋藤，2000）。それゆえ悩みと向かい合う通常の心理面接とはかなり趣を異にするのだが，一見周辺的に見える話題を深刻ぶらずに軽やかに話し続けるうちに，少しずつ薄い氷が凝結して，いわゆる「自我」がわずかずつ厚みを増してくるようなイメージで臨むことになる。面接のプロセスの中で，親世代の価値観への反発，管理教育への不満，優勝劣敗にこだわる嫌悪感，いじめられ体験，世の中全体への漠とした否定的感情，といったことが感じられることが多々生じるが，これ

らに飛びつきすぎず，内省的に深めすぎずに（せっかく張りかけた薄い結晶を割ってしまわないようにしつつ）会話を続けることが重要であるであると考えている。

　総じて言えば，周囲からの一歩踏み出した積極的なかかわりから援助がスタートする一方で，本人の不安感や劣等感，焦燥感を刺激しないよう，すなわち「自我」を脅かさない，踏み込みすぎない関係性を保つことが肝要となる。同時に，社会生活のしくみやリズムの中に緩やかに枠付けていくことを志向し，その枠の中でゆったりと自我が厚みを増すことを（氷が張るのを待つがごとく）時間をかけて見守っていくことになる。

　このように記せば，とりわけ無気力を示していなくとも，現代の若者たち全般に対して，大人世代が接する際に必要とされる姿勢と通じるところがあるように思われてくる。無気力の程度や質的な相違を見分けることは重要であるが，一方で時代状況が生み出している普遍的な問題が基底にあることも確かであろう。このような学生たちに対するより適切なかかわりがなされるよう，教育コミュニティとしての大学を変えていくことも，いま切実に求められている（齋藤，1999b）。

Column ⑫

無気力と職業選択──進路決定──

「無気力と職業選択（進路決定）」と関連の深い心理学の用語として，スチューデント・アパシー，退却神経症（ともに第2章第3節参照）などが，キーワードとして思い出されるが，ここでは，進路の研究の分野で最近よく取り上げられる進路決定自己効力の観点から考えてみたい。

バンデューラ（Bandura, 1977）が提唱した自己効力（成果を生み出すために必要な行動を遂行できるかどうかの確信度。第1章第2節参照）を，青年期の重要な発達課題である進路決定に適用した概念が進路決定自己効力（career decision-making self-efficacy）である。たとえば，進路決定行動に対する確信度が高いと，進路決定行動は着実に遂行されていくのに対して，進路決定行動に対する確信度が低いと容易にその行動にふみ出せず，進路決定を引き延ばすことになろう。つまり，進路決定自己効力が十分でなく，青年期の発達課題である進路決定が引き延ばされれば，自信を失い無気力感が生み出される。

「無気力と職業選択（進路決定）」について説明する研究は少なくないが，職業選択に対する無気力を克服するための進路指導法の研究は，あまりみあたらない。「無気力と職業選択（進路決定）」を説明する概念のひとつである進路決定自己効力は，これを上昇させるヒントが示されているので，進路決定行動を推進し，青年期の発達課題を乗り越え，進路を決めることに対する無気力感を克服する方法も提示してくれる。したがって，進路指導の観点からも有効な概念であると考えられる。

バンデューラ（Bandura, 1977）は，自己効力の変容が，①遂行行動の達成，②代理的経験，③言語的説得，④情動的喚起，の4情報と関連するとしている（Bandura, 1985; 福島，1985）。たとえば，進路指導において，情報収集等の容易な進路決定行動を推進することで，進路決定自己効力を上昇させ，より困難な計画立案等の進路決定行動を推進できるようにする。そうすれば，遂行行動が達成されたことになり，進路決定自己効力が上昇し，より困難な計画立案等の進路決定行動を遂行でき，さらに進路決定自己効力が上昇するという循環ができあがる。その結果，進路決定が円滑に進み，進路決定に対しての無気力感は克服されると考えられる。このように，進路決定自己効力は，無気力と職業選択（進路決定）を研究するための重要な概念である。

また，前述のように，進路決定は，青年期の重要な発達課題であることを想起すれば，進路決定に対する無気力が克服され，青年期の生活全体の意欲が上昇するとも推察される。

付章

青少年の無気力を理解するための
文献・資料集

付　章　青少年の無気力を理解するための文献・資料集

本章では，無気力やそれに関連した意欲，動機づけなどの問題を理解する上で役立つと思われる一般書や専門書のなかから比較的読みやすいものを選んで列挙する。無気力についてさらに内容を深める際に利用していただければ幸いである。

なお，これはすべての関連書を網羅したものでない。また，少数ではあるが無気力の問題を学術的な見地のみならず広く社会問題として考えるとき役立つ一般向けの書物なども挙げてある。なお，一部に書店等で入手しにくいものも含まれているが，大学図書館などで探せば比較的簡単に見つけることは可能なはずである。

(著者のアルファベット順)

深谷昌志　1991　無気力化する子どもたち　日本放送出版協会
玄田有史・曲沼美恵　2004　ニート―フリーターでもなく失業者でもなく　幻冬舎
波多野誼余夫・稲垣佳世子　1981　無気力の心理学―やりがいの条件　中央公論
市川伸一　2001　学ぶ意欲の心理学　ＰＨＰ
稲村　博　1989　若者・アパシーの時代―急増する無気力とその背景　日本放送出版協会
井上敏明　1995　無気力症―子どものサインをどう理解するか　朱鷺書房
笠原　嘉　1988　退却神経症―無気力・無関心・無快楽の克服　講談社
笠原　嘉　1996　軽症うつ病―「ゆううつ」の精神病理　講談社
笠原　嘉　2002　アパシー・シンドローム　岩波書店（笠原，1984 の著書が岩波現代文庫に収録されたもの）
風祭　元（編）　2000　現代の抑うつ（こころの科学セレクション）　日本評論社
リアリー, M.R.・ミラー, R.S.（著）　安藤清志・渡辺浪二・大坊郁夫（訳）　1989　不適応と臨床の社会心理学　誠信書房
松原達哉　2003　生活分析的カウンセリングの理論と技法　培風館
宮本美沙子・奈須正裕（編著）　1995　達成動機の理論と展開―続・達成動機の心理学　金子書房
宮本美沙子（編著）　1991　情緒と動機づけの発達　新・児童心理学講座７　金子書房
宮田加久子　1991　無気力のメカニズム―その予防と克服のために　誠信書房
水口礼治　1985　無気力からの脱出　福村出版
大木幸介　1993　やる気を生む脳科学―神経配線で解く「意欲」の秘密　講談社
大野　裕　2002　ＭモードとＤモードの法則―やるき力と無気力を操る心理テクニック　法研

ピーターソン, C.・マイヤー, S.F.・セリグマン, M.E.P.（著）　津田　彰（監訳）　2000　学習性無力感—パーソナル・コントロールの時代をひらく理論　二瓶社
斉藤　環　2005　「負けた」教の信者たち—ニート・ひきこもり社会論　中央公論
坂本真士　1997　自己注目と抑うつの社会心理学　東京大学出版会
坂野雄二　1989　無気力・引っ込み思案・緘黙（情緒障害児双書）　黎明書房
桜井茂男　1995　「無気力」の教育社会心理学—無気力が発生するメカニズムを探る　風間書房
桜井茂男　1997　学習意欲の心理学—自ら学ぶ子どもを育てる　誠信書房
セリグマン, M.E.P.（著）　平井　久・木村　駿（監訳）　1985　うつ病の行動学：学習性絶望感とは何か　誠信書房
下山晴彦・丹野義彦　2002　講座　臨床心理学—異常心理学Ⅱ　東京大学出版会
スティペック, D.J.（著）　馬場道夫（訳）　1999　やる気のない子どもをどうすればよいか　二瓶社
高比良美詠子　2003　ネガティブ思考と抑うつ—絶望感の臨床社会心理学　学文社
高野清純（編著）　1988　無気力—原因とその克服　教育出版
丹野義彦　2001　エビデンス臨床心理学—認知行動理論の最前線　日本評論社
ワイナー, B.・宮本美沙子・林　保（監訳）　1989　ヒューマン・モチベーション—動機づけの心理学　金子書房
山路弘起　1995　無気力—がんばりの影の代償　現代のエスプリ, 333, 155-166.
横田喜代（著）・坂本光男（編）　1992　無気力・投げやりな子との対話（ブックレット　小学生との対話〈8〉）　明治図書出版

[雑誌の特集等]

児童心理　2001年7月号　特集　やる気のない子
児童心理　2003年6月号　特集　やる気を育てる
児童心理　2005年6月号　特集　勉強する意欲を育てる

引 用 文 献

■第1章

Abraham, C., & Shanley, E. 1992 *Social psychology for nurses: Understanding interaction in health care.* Edward Arnold Publishers Ltd. 細江達郎（監訳）2001 ナースのための臨床社会心理学 北大路書房

Abramson, L.Y., Alloy, L.B., & Metalsky, G.I. 1988 The cognitive diathesis-stress theories of depression. In L.B.Alloy (Ed.), *Cognitive processes in depression.* New York: Guilford Press. Pp.3-30.

Abramson, L.Y., Seligman, M.E.P., & Teasdale, D. 1978 Learned helplessness in humans: Critique and reformulation. *Journal of Abnormal Psychology*, **87**, 49-74.

Alloy, L.B., & Abramson, L. 1979 Judgment of contingency in depressed and nondepressed students: Saddar but wiser? *Journal of Experimental Psychology: General*, **108**, 441-485.

Arana, F.S., Parkinson, J.A., Hinton, E., Holland, A.J., Owen, A.M. & Roberts, A.C. 2003 Dissociable contributions of the human amygdala and orbitofrontal cortex to incentive motivation and goal selection. *Journal of Neuroscience*, **29**, 9632-9638.

有田秀穂 2003 セロトニン欠乏脳：キレる脳・鬱の脳をきたえ直す 日本放送出版協会

Bandura, A. 1977 Self efficacy: Toward a unifying theory of behavior change. *Psychological Review*, **84**, 191-215.

Bandura, A. 1997 *Self-efficacy: The exercise of control.* New York: W.H.Freeman and Company.

Berridge, K.C. & Robinson, T.E. 2003 Parsing reward. *Trends in Neuroscience*, **26**, 507-513.

Bjork, J.M., Knutson, B., Fong, G.W., Caggiano, D.M., Bennett, S.M., & Hommer, D.W. 2004 Incentive-elicited brain activation in adolescents: Similarities & differences from young adults. *Journal of Neuroscience*, **24**, 1793-1802.

Brooks-Gunn, J., & Attie, I. 1996 Developmental psychopathology in the context of adolescence. In M.F.Lenzenweger & J.J.Haugaard(Eds.) *Frontiers of Developmental Psychopathology.* New York: Oxford University Press. Pp.148-189.

Chambers, R.A., Taylor, J.R. & Potenza, M.C. 2003 Developmental neurocircuitry of motivation in adolescence: A critical period of addiction vulnerability. *American Journal of Psychiatry*, **160**, 1041-1052.

Connel, J.P. & Wellborn, J.G. 1991 Competence, autonomy, and relatedness: a moivational analysis of self-system processes. In Gunnar, M.R. & Sroufe, L.A.(Eds)

Self processes and development: The Minnesota symposia on child development. Vol. 23, Hillsdale, New Jersey. Lawrence Erlbaum Associates.

Damasio, A.R.　1994　*Descartes Error*. New York: Putnam.　田中三彦（訳）　2000　生存する脳―心と脳と身体の神秘　講談社

Damasio, H., Grabowski, T., Frank, R., Galaburda, A.M. & Damasio, A.R.　1994　The return of Phineas Gage: Clue about the brain from the skull of a famous patient. *Science*, **264**, 1102-1105.

deCharms, R.　1968　*Personal causation: The internal affective determinants of behavior.* New York: Academic Press.

deCharms, R.　1976　*Enhancing motivation: Change in the classroom*. New York: Academic Press.

Deci, E.L.　1971　Effects of externally mediated rewards on intrinsic motivation. *Journal of Personality and Social Psychology*, **18**, 105-115.

Deci, E.L.　1975　*Intrinsic motivation*. New York: Plenum Press.

Deci, E.L.　1980　*The Psychology of self-determination*. Lexington, Massachusetts., D.C. Lexington Books.

Deci, E.L. & Ryan, R.M.　1980　*Intrinsic motivation and elf-determination in human behavior.* New York: Plenum Press.

Dornbusch, S.M., Mont-Reynaud, R., Ritter, P.L., Chen, Z-Y, & Steinberg, L.　1991　Stressful life events and their correlates among adolescents of diverse backgrounds. In M.E.Colten & S.Gore(Eds.) *Adolescent stress: Causes and Consequences*. New York: Aldine de Gruyter. Pp.111-130.

Drevets, W.C., Videen, T.O., Price, J.L., Preskorn, S.H., Carmichael, S.T. & Raichele, M.E.　1992　A functional anatomical study of unipolar depression. *Journal of Neuroscience*, **12**, 3628-3641.

Duval, S., & Wicklund, R.A.　1972　*A theory of self-awareness*. New York: Academic Press.

Dweck, C.S.　1975　The role of expectations and attributions in the alleviation of learned helplessness. *Journal of Personality & Social Psychology*, **31**, 674-685.

Dweck, C.S.　1986　Motivation processes affecting learning. *Amerivan Psychologist*, **41**, 1040-1048.

Elliot, A.J. & McGregor, H.A.　2001　A 2x2 Achievement goal framework. *Journal of Personality and Social Psychology*, **80**(3), 501-519

Elliot, E.S. & Dweck, C.S.　1988　Goals: An approach to motivation and achievement. *Journal of Personality and Social Psychology*, **54**, 5-12.

Fenigstein, A., & Levine, M.P.　1984　Self-attention, concept activation, and the causal self. *Journal of Experimental Social Psychology*, **20**, 231-245.

引用文献

深谷昌志　1991　無気力化する子どもたち　日本放送出版協会

Glickstein, S. & Schmauss, C.　2001　Dopamine receptor functions: Lessons from knockout mice. *Pharmacology and Therapeutics*, **91**, 63-83.

Greenberger, D., & Padesky, C.A.　1995　*Mind over mood: Change how you feel by changing the way you think.* New York: Guilford Press.　大野　裕（監訳）岩坂　彰（訳）2001　うつと不安の認知療法練習帳　創元社

Harlow, H.F.　1950　learning and satiation of response in intrinsically motivated complex puzzle performance by monkeys. *Journal of Comparative and Physiological Psychology*, **43**, 289-294.

波多野誼余夫・稲垣佳世子　1981　無気力の心理学—やりがいの条件　中央公論

稲村　博　1988　登校拒否の克服—続・思春期挫折症候群　新曜社

Ingram, R.E.　1990　Self-focused attention in clinical disorders: Review and a conceptual model. *Psychological Bulletin*, **107**, 156-176.

井上和臣　1997　心のつぶやきがあなたを変える：認知療法自習マニュアル　星和書店

伊藤忠弘　1991　セルフ・ハンディキャッピングの研究動向　東京大学教育学部紀要, **31**, 153-162.

Iyenger, S.S. & Lepper, M.　1999　Rethinking the value of choice: A cultural perspective on intrinsic motivation. *Journal of Personality and Social Psychology*, **76**, 349-366.

亀谷秀樹　2002　うつ病—生物学的側面　下山晴彦・丹野義彦（編）　講座臨床心理学4：異常心理学II　東京大学出版会　Pp.127-146.

亀谷秀樹　2004　自然報酬回路と薬物依存　行動科学, **43**, 33-43.

笠原　嘉　1984　アパシー・シンドローム—高学歴社会の青年心理　岩波書店

笠原　嘉　1996　軽症うつ病—「ゆううつ」の精神病理　講談社

Kelley, H.H.　1967　Attribution theory in social psychology. *Nebraska Symposium on Motivation*, *15*, Limcoln: University of Nebraska Press. Pp.192-238.

Kowalski, R.M., & Leary, M.R.　1999　*The social psychology of emotional and behavioral problems: Interfaces of social and clinical psychology.* Washington, D.C: American Psychological Association.　安藤清志・丹野義彦（監訳）　2001　臨床社会心理学の進歩　実りあるインターフェイスをめざして　北大路書房

Larson, R. & Richards, M.H.　1994　*Divergent realities: The emotional lives of mothers, fathers, and adolescents.* New York: Basic Books.

LeDoux, J.E.　1996　*Emotional Brain: The Mysterious Underpinning of Emotional Life.* New York: Simon & Schuster　松本　元・川村光毅他（訳）　2003　エモーショナル・ブレイン　東京大学出版会

牧　郁子・関口由香・山田幸恵・根建金男　主観的随伴経験が中学生の無気力感に及ぼす影響—尺度の標準化と随伴性認知のメカニズムの検討—　教育心理学研究, **51**(3), 298-307.

Mayberg, H.S. 2000 Depression. In J.G.Nazziota., A.W.Toga, & R.S.Frackowiak, (Eds.), *Brain Mapping: Disorders*. New York: Academic Press. Pp.485-507.

Metalsky, G.I., Abramson, L.Y., Seligman, M.E.P., Semmel, A., & Peterson, C. 1982 Attributional styles and life events in the classroom: Vulnerability and invulnerability to depressive mood reactions. *Journal of Personality and Social Psychology*, **43**, 612-617.

Nicholls, J.G. 1984 Achievement motivation: Conceptions of ability, subjective experience, task choice, and performance. *Psychological Review*, **91**, 328-346.

Nissen, H.W. 1930 A study of explanatory behavior in the white rat by means of the abstraction method. *Journal of General Psychology*, **37**, 361-376.

Olds, J. 1956 Pleasure center in the brain. *Scientific American*, **195**, 105-116.

大野　裕　2003　こころが晴れるノート―うつと不安の認知療法自習帳―　創元社

Overmier, J.B., & Seligman, M.E.P. 1967 Effects of inescapable shock upon subsequent escape and avoidance learning. *Journal of Comparative and Physiological Psychology*, **63**, 23-33.

Pacini,R.,Muir,F. & Epstein,S. 1998 Depressive realism from the perspective of cognitive-experiential self-theory. *Journal of Personality and Social Psychology*, **74**, 1056-1068.

Pyszczynski, T., & Greenberg, J. 1987 Self-regulatory perseveration and the depressive self-focusing style: A self-awareness theory of reactive depression. *Psychological Bulletin*, **102**, 122-138.

Reeve, J. 2005 *Understanding Motivation and Emotion*. New Jersey: Wiley.

Reynolds, P.L. & Symons, S. 2001 Motivational variables and childrens' text search. *Journal of Educational Psychology*, **93**(1), 14-22.

Rotter, J.B. 1966 Generalized expectancies for internal vs. external control of reinforcement. *Psychological Monographs*, **80**, 1-28.

坂本真士　1997　自己注目と抑うつの社会心理学　東京大学出版会

坂本真士　2001　自己注目と抑うつ　詫摩武俊・鈴木乙史・清水弘司・松井　豊（編）シリーズ 人間と性格　第8巻　性格の病理　ブレーン出版　Pp.113-123.

坂本真士　2002　社会心理学　古畑和孝・岡　隆（編）　社会心理学小辞典〔増補版〕　有斐閣　Pp.339-340.

坂本真士・大野　裕　（印刷中）　1章 抑うつとは　坂本真士・丹野義彦・大野　裕（編）抑うつの臨床心理学　東京大学出版会

坂本真士・佐藤健二（編）　2004　はじめての臨床社会心理学　有斐閣

坂本真士・丹野義彦・大野　裕（編）（印刷中）　抑うつの臨床心理学　東京大学出版会

Sakamoto, S. 2000 Self-focusing situations and depression. *Journal of Social Psychology*, **140**, 107-118.

Sano, M., Marder, K. & Dooneief, G. 1996 Basal ganglia diseases. In B.S.Fogel,

引用文献

R.B.Schiffer, S.M.Rao(Eds.) *Neuropsychiatry*. Baltimore: Williams & Wilkins. Pp.805-834.

Scheier, M.F. 1976 Self-awareness, self-consciousness, and angry aggression. *Journal of Personality*, **44**, 627-644.

Schoenbaum, G., Setlaw, B., Saddoris, M.P. & Gallagher, M. 2003 Encoding predicted outcome and acquired value in orbitofrontal cortex during cue sampling depends on output from basolateral amygdala. *Neuron*, **39**, 855-867.

Schultz, W. 2004 Neural coding of basic reward terms of animal learning theory, game theory, microeconomics and behavioural ecology. *Current Opinion in Neurobiology*, **14**, 139-147.

Seligman, M.E.P. 1975 *Helplessness: On depression, developement, & death*. Sam Francisco: W.H.Freeman.

Seligman, M.E.P., & Maier, S.F. 1967 Failure to escape traumatic shock. *Journal of Experimental Psychology*, **74**, 1-9.

Shin, L.M., Orr, S.P., Carson, M.A., Rauch, S.L., Macklin, M.L., Lasko, N.B., Peters, P.M., Metzger, L.J., Dougherty, D.D., Cannistraro, P.A., Alpert, N.M., Fischman, A.J. & Pitman, R.K. 2004 Regional cerebral blood flow in the amygdala and medial prefrontal cortex during traumatic imagery in male and female vietnam veterans with PTSD. *Archives of General Psychiatry*, **61**, 168-176.

Shumake, J. & Gonzalez-Lima, F. 2003 Brain systems underling susceptibility to helplessness and depression. *Behavioral and Cognitive Neuroscience Reviews*, **2**, 198-221.

Skinner, E. 1992 Perceived control: Motivtion, coping, and development. In C.R.Schwarzer(ed.), *Self-efficacy: Thought control of action*. Taylor & Francis.

Smith, T.W., & Greenberg, J. 1981 Depression and self-focused attention. *Motivation and Emotion*, **5**, 323-331.

Spear, L.P. 2000 The adolescent brain and age-related behavioral manifestations. *Neuroscience and Biobehavioral Reviews*, **24**, 417-463.

Taketsuna,S.,Kambara,M.,Ogata,R.,Takagi,H. & Takanashi,M. 2000 *A longitudinal study on dropout in a senior high school in Japan*. Paper presented at the meeting of XXVII International Congress of Psychology.

田中共子・上野徳美（編） 2002 臨床社会心理学―その実践的展開をめぐって　ナカニシヤ出版

丹野義彦・坂本真士　2001　自分のこころからよむ臨床心理学入門　東京大学出版会

Tsuda, A., & Hirai, H. 1975 Effects of the amount of required coping response tasks on gastrointestinal lesions in rats. *Japanese Psychological Research*, **17**, 119-132.

富家直明　2004　どうして憂うつになるのか？　坂本真士・佐藤健二（編）はじめての臨床社会心理学　有斐閣　Pp.41-61.

Vazquez, D.M.　1998　Stress and the developing limbic-hypothalamic-pituitary-adrenal axis. *Pyschoneuroendocrinology*, **23**, 663-700.

Weisz, J.R., & Stipek, D.J.　1982　Competence, contingency, and the development of perceived control. *Human Development*, **25**, 250-281.

山地弘起　1995　無気力―がんばりの影の代償　現代のエスプリ, 333, 155-166.

Zald, D.H., Boileau, I., El-Dearedy, W., Gunn, R., McGlone, F., Dichter, G.S. & Dagher, A.　2004 Dopamine Transmission in the Human Striatum during Monetary Reward Tasks. *Journal of Neuroscience*, **24**, 4105-4112.

コラム①

Gabbard, G.O.　1994　*Psychodynamic psychiatry in clinical practice: The DSM-IV edition.* Washington: American Psychiatric Press.

コラム②

Nadler, A.　1997　Personality and help seeking: Autonomous versus dependent seeking of help. In G.R.Pierce, B.Lakey, I.G.Sarason, & B.R.Sarason(Eds.), *Sourcebook of social support and personality*. New York: Plenum Press.

コラム③

Beck, A.T., Rush, A.J., Shaw, B.F., & Emery, G.　1979　*Cognitive Therapy of Depression*. New York: Guilford Press.

Beck, A.T., Steer, R.A., & Brown, G.K.　1987　*Beck Depression Inventory-Second Edition*. San Antonio, Texas: The Psychological Corporation, U.S.A.

福田一彦・小林重雄　1973　自己評価式抑うつ性尺度の研究　精神神経学雑誌, **75**, 673-679.

林　潔　1988　Beckの認知療法を基とした学生の抑うつについての処置　学生相談研究, **9**, 97-107.

笠井孝久・村松健司・保坂　亨・三浦香苗　1995　小学生・中学生の無気力感とその関連要因　教育心理学研究, **43**, 424-235.

小嶋雅代・古川壽亮　2003　日本語版BDI-II ベック抑うつ質問票　日本文化科学社

Maslach, C., & Jackson, S.E.　1981　The measurement of experienced burnout. *Journal of Occupational Behaviour*, **2**, 99-113.

Pines, A., Aronson, E., & Kafry, D.　1981　*Burnout: From Tedium to Personal growth*. Free Press.

下山晴彦　1995　男子大学生の無気力の研究　教育心理学研究, **43**, 145-155.

鈴木伸一・嶋田洋徳・三浦正江・片柳弘司・右馬埜力也・坂野雄二　1997　新しい心理的ストレス反応尺度 (SRS-18) の開発と信頼性・妥当性の検討　行動医学研究, **4**,

22-29.

鉄島清毅　1993　大学生のアパシー傾向に関する研究―関連する諸要因の検討―　教育心理学研究, **41**, 200-208.

Zung, W.W.　1965　A self-rating depression scale. *Archives of General Psychiatry*, **12**, 63-70.

コラム④

Abramson, L.Y., Seligman, M.E.P., & Teasdale, J.D.　1978　Learned helplessness in humans: Critique and reformulation. *Journal of Abnormal Psychology*, **87**, 49-74.

Araki, Y.　2002　Testing the validity of reformulated learnend helplessness theory: do the theoretical classifications of causes for failure match subjects' perceptions? *Studies and Essays: Behavioral Sciences and Philosophy(Kanazawa University)*, **22**, 39-48.

荒木友希子　2003　学習性無力感における社会的文脈の諸問題　心理学評論, **46**, 141-157.

Holloway, S.D.　1988　Concepts of ability and effort in Japan and the United States. *Review of Educational Research*, **58**, 327-345.

Sakamoto, S., & Kambara, M.　1998　A longitudinal study of the relationship between attributional style, life events and depression in Japanese undergraduates. *Journal of Social Psychology*, **138**, 229-240.

桜井茂男　1989　学習性無力感 (LH) 理論の研究動向―わが国の研究を中心に―　日本心理学会第53回大会発表論文集, L1.

■第2章

安宅勝弘・齋藤憲司・影山任佐　2004　大学院における休学・退学・留年学生の調査―第1報―　第25回全国大学メンタルヘルス研究会報告書, 67-70.

馬場謙一　1976　自我同一性の形成と危機―E.H.エリクソンの青年期理論をめぐって―　笠原　嘉・清水将之・伊藤克彦（編）青年期の精神病理Ⅰ　至文堂　Pp.111-128.

福島　章　1981　青年期のカルテ―受験世代の心理と病理―　新曜社

福島　章　1992　青年期の心　講談社新書

玄田有史・曲沼美恵　2004　ニート―フリーターでも失業者でもなく―　幻冬社

後藤宗理　2003　フリーター現象の心理社会的意味　後藤宗理・大野木裕明（編）現代のエスプリ, 427, 至文堂　Pp.5-18.

保坂　亨・牧田康之　1995　無気力タイプの不登校の特徴：神経症タイプ及び非行タイプとの比較　平成6年度文部省科学調査研究費補助金（一般研究B）研究成果報告書「現代青少年における顕在的・潜在的無気力感の総合的研究」（課題番号

05451020, 研究代表者　安香　宏）
稲村　博　1989　若者・アパシーの時代―急増する無気力とその背景―　ＮＨＫブックス
笠原　嘉　1973　現代の神経症―特に神経症性アパシー（仮称）について―　臨床精神医学, **2**, 153-162.
笠原　嘉　1977　青年期　中公新書
笠原　嘉　1984　アパシー・シンドローム―高学歴社会の青年心理―　岩波書店
笠井孝久・村松健司・保坂　亨・三浦香苗　1995　小学生・中学生の無気力感とその関連要因　教育心理学研究, **43**, 424-435.
河合隼雄　1977　昔話の深層　福音館書店
松原治郎　1980　管理社会と青年　大原健士郎・岡堂哲雄（編）　講座異常心理学3　思春期・青年期の異常心理　新曜社
松原達也　1991　子どものアパシーの背後にあるもの　教育心理, **39**, 100-103.
宮本茂雄・弘中正美・徳丸智佐子　1992　登校拒否の態様別指導方法の在り方に関する研究　平成3年度文部科学省調査研究費補助金（総合研究A）研究成果報告書「登校拒否の態様別指導方法の在り方に関する研究」（課題番号01102046, 研究代表者坂本昇一）
文部省　2000　学校基本調査速報―高等教育の卒業後状況　内外教育, 8月11日号
文部科学省　2001　高校生の就職問題に関する検討会議報告
文部科学省　2003　児童生徒の問題行動等生徒指導上の諸問題に関する調査（http://www.mext.go.jp/b_nu/houdou/16/08/04082302/019.htm）
文部科学省　2006　文部科学省白書　国立印刷局
無藤清子　1979　「自我同一性地位面接」の検討と大学生の自我同一性　教育心理学研究, **27**, 28-36.
永江誠司　2000　男と女のモラトリアム―若者の自立とゆらぎの心理―　ブレーン出版
内閣府（編）　平成15年度版青少年白書　財務省印刷局
中島潤子・野村正文　1999　大学における休・退学, 留年学生に関する調査―第20報―　第20回全国大学メンタルヘルス研究会報告書, 7-17.
日本労働研究機構　2000　フリーターの意識と実態―97人へのヒアリング結果より―
楡木満生　1991　発達段階に応じたアパシーの特徴　教育心理, **39**, 20-23.
小田　晋　1991　子どものアパシーとは何か　教育心理, **39**, 90-95.
齋藤憲司　2000　大学生は何に悩んでいるか―青年期の拡散・希薄化のなかで―　こころの科学, **94**, 2-10. 日本評論社
佐治守夫　1981　学生のアパシー現象　佐治守夫・福島　章・越智浩二郎（編）ノイローゼ　有斐閣　Pp.223-238.
阪本健二　1976　青年期と精神分裂病　笠原　嘉・清水将之・伊藤克彦（編）青年期の

引用文献

精神病理Ⅰ　至文堂　Pp.131-154.
下山晴彦　1997　臨床心理学研究の理論と実際―スチュデント・アパシー研究を例として―　東京大学出版会
下村英雄　2003　調査結果からみたフリーター―フリーターの働き方と職業意識―　後藤宗理・大野木裕明（編）　現代のエスプリ, **427**, 至文堂　Pp.32-44.
岨中　達　1981　留年　笠原　嘉・山田和夫（編）　キャンパスの症状群　弘文堂　Pp.90-108.
杉原保史　2004　悩みなき青年期をどう理解するか―適応的な青年への援助的スタンス確立のために―　こころの科学, **113**, 2-7.
鈴木壽治　1982　エリクソン　平井　久・高橋たまき（編）　発達の諸理論　芸林書房　Pp.145-162.
鑪　幹八郎　1990　アイデンティティーの心理学　講談社現代新書
鉄島清毅　1991　大学生のアパシー傾向に関する研究―関連する諸要因の検討―　千葉大学修士論文（未公刊）
鉄島清毅　1993　大学生のアパシー傾向に関する研究―関連する諸要因の検討―　教育心理学研究, **41**, 200-208.
土川隆史（編著）　1990　スチューデント・アパシー　同朋舎
鶴田和美（編著）　2001　学生のための心理相談―大学カウンセラーからのメッセージ―　培風館
内田千代子　2004　大学における休・退学, 留年学生に関する調査―第25報（その1）　第25回全国大学メンタルヘルス研究会報告書, 55-66.
Walters, P.A.　1961　Student apathy. In G. B. Blain et al. (Eds.), *Emotional problems and student*. New York: Appleton-Century-Crofts.　石井完一郎・岨中　達・藤井　虔（監訳）　1975　学生の情緒的問題　文光堂　Pp.106-120.
若松養亮　2003　進路選択の現状　後藤宗理・大野木裕明（編）　現代のエスプリ, 427. 至文堂　Pp.127-138.
山田和夫　1990　家族関係の中でのスチューデント・アパシー　土川隆史（編著）　スチューデント・アパシー　同朋舎　Pp.139-177.
山田昌弘　2005　希望格差社会　筑摩書房

コラム⑥
文部省　1998　生徒指導資料第22集　登校拒否問題への取組について（小学校・中学校編）
伊藤嘉奈子　2004　子ども理解・支援の方法― 3. カウンセリング　鎌倉女子大学子ども心理学科（編）　子ども心理学入門　北樹出版　Pp.181-188.

コラム⑦
竹綱誠一郎・鎌原雅彦・小方涼子・高木尋子・高梨　実　2003　高校中退予測要因の経

時的研究　人文（学習院大学人文科学研究所）, **2**, 103-109.

コラム⑧

Dollard, J., Doob, L.W. Miller, N.E., Mowrer, O.H., & Sears, R.R. 1939 *Frustration and Aggression*. New Haven, Conn.: Yale University Press.

田中純夫・米里誠司・田中奈緒子・安香　宏　1995　非行少年にみられる無気力の構造とその関連要因　犯罪心理学研究, **33**, 2-7.

コラム⑨

小林哲郎・高石恭子・杉原保史（編著）2000　大学生がカウンセリングを求めるとき──こころのキャンパスガイド──　ミネルヴァ書房

NAAH（NPO アカデミック・ハラスメントをなくすネットワーク── Network for the Action against Academic Harassment ──）（策定）　2004　アカデミック・ハラスメント防止対策ガイドライン　NAAH 事務局

下山晴彦　1997　臨床心理学研究の理論と実際　スチューデント・アパシー研究を例として　東京大学出版会

土川隆史　1998　スチューデント・アパシーについての臨床心理学的研究　河合隼雄・藤原勝紀（責任編集）学生相談と心理臨床　金子書房　Pp.98-105.

鶴田和美（編著）　2001　学生のための心理相談　大学カウンセラーからのメッセージ　培風館

■第３章

馬場謙一　1976　自我同一性の形成と危機── E.H. エリクソンの青年期理論をめぐって──　笠原　嘉・清水将之・伊藤克彦（編）青年期の精神病理Ⅰ　至文堂　Pp.111-128.

藤掛　明　1995　「やせ我慢」の心理とカウンセリング(5)「運命」と「とりあえず」の援助　東京保護観察, **489**, 4-5.

福島　章　1992　青年期の心　講談社新書

玄田有史　2004　不安, 仕事, そして自分　教育と医学, **609**, 201-211.

狩野力八郎　1990　青年期の特徴──精神分析の観点から──　臨床精神医学, **19**, 733-737.

笠原　嘉　1976　今日の青年期精神病理像　笠原　嘉・清水将之・伊藤克彦（編）青年期の精神病理Ⅰ　至文堂　Pp.3-27.

笠原　嘉　1977　青年期　中公新書

片山登和子　1969　発達的にみた青年期治療の技法原則　精神分析研, **15**, 5.

河合隼雄　1991　心の処方箋　新潮文庫

広辞苑（第３版）1988　新村　出（編）岩波文庫

桑原和子　2004　きく／よむ／まつ　臨床心理学, **4**, 551-553.

引用文献

松原達哉　1990　生活分析的アプローチ　土川隆史（編著）　スチューデント・アパシー　同朋舎　Pp.215-233.
皆川邦直　1980　青春期・青年期の精神分析的発達論―ピーターブロスの研究をめぐって―　小此木啓吾（編）青年期の精神病理Ⅰ　至文堂　Pp.43-66.
峰松　修　1990　来談学生への一般的な対応　土川隆史（編著）　スチューデント・アパシー　同朋舎　Pp.215-233.
文部科学省　2001　高校生の就職問題に関する検討会議報告
村田豊久　2004　ライフサイクルからみた不安　教育と医学, **609**, 192-200.
小田　晋　1991　こどものアパシーとは何か　教育心理, **39**, 90-95.
齋藤憲司　1999a　5月病　氏原　寛・小川捷之・近藤邦夫・鑪　幹八郎・東山紘久・村山正治・山中康裕（編）　カウンセリング辞典　ミネルヴァ書房　Pp.209-210.
齋藤憲司　1999b　学生相談の専門性を定置する視点―理念研究の概観と4つの大学における経験から―　学生相談研究, 20(1), 1-22.
齋藤憲司　2000　大学生は何に悩んでいるか―青年期の拡散・希薄化のなかで―　こころの科学, **94**, 2-10.　日本評論社
齋藤憲司　2002a　ひとと会うことの専門性　垣内出版
齋藤憲司　2002b　教育コミュニティにおける援助活動のシステムとスタイル―学生相談の現場から―　沢崎俊之・中釜洋子・齋藤憲司・高田　治（編著）　学校臨床そして生きる場への援助　日本評論社　Pp.87-112.
佐治守夫　1976　学生のアパシー現象　佐治守夫・福島　章・越智浩二郎（編）ノイローゼ　有斐閣　Pp.223-238.
阪本健二　1976　青年期と精神分裂病　笠原　嘉・清水将之・伊藤克彦（編）青年期の精神病理Ⅰ　至文堂　Pp.131-154.
佐藤洋作　2004　フリーターの就労支援について　更生保護, 8月号, 16-19.
澤田　豊　1994　悩まない非行少年　月刊少年育成, 10月号, 8-15.
嶋崎素吉　1984　大学生の心性とスチューデント・アパシー　野沢英司（編）青年期の心の病　星和書店　Pp.28-60.
菅野泰蔵　2003　カウンセリング原論1「カウンセリングはあたりまえのことをすることである」こころの科学, **107**, 8-12.
菅野泰蔵　2004　カウンセリング原論11「臨床的リアリティについて」こころの科学 **117**, 102-107.
田中健夫　2000　「大学に行くということ―成長あるいは破滅的変化のとき―（ウイテンバーグ著）」の紹介　学生相談　九州大学学生生活・修学相談室紀要, 2, 27-36.
鑪　幹八郎　1990　アイデンティティーの心理学　講談社現代新書
土川隆史　1981　スチューデント・アパシー　笠原　嘉・山田和夫（編）キャンパスの症候群　至文堂　Pp.143-166.

引用文献

Walters, P.A. 1961 Student apathy. In G.B.Blain et al.(Eds.), *Emotional problems and student*. New York: Applenton-Century-Crofts. 石井完一郎・岨中 達・藤井 虔（監訳） 1975 学生の情緒的問題 文光堂 Pp.106-120.

コラム⑩

Erikson, E.H. 1959 *Identity and the Life Cycle*. 小此木啓吾（訳編） 1973 自我同一性 誠信書房

楠見 孝 1994 大学生の持つ愛の文化的モデル―メタファ生成法と概念地図法による検討― 日本発達心理学会第5回大会発表論文集, 276.

西平直樹 1999 青年心理学における問いの展開 青年心理学研究, **11**, 37-46.

冨重健一 2001 「アイデンティティのための恋愛」に関連する要因 日本青年心理学会第9回総会発表論文集, 47-48.

冨重健一 2004 男たちは結婚難とどう向き合うのか？ 菅原健介（編著） ひとの目に映る自己―「印象管理」の心理学入門― Pp. 111-130.

コラム⑫

Bandura, A. 1977 Self-efficacy: Toward a unifying theory of behavior change. *Psychological Review*, **84**, 191-215.

バンデューラ, A. 重久 剛（訳） 1985 自己効力の探求 祐宗省三・原野広太郎・柏木恵子・春木 豊（編） 社会的学習理論の新展開 金子書房 Pp.103-141.

福島脩美 1985 自己効力の理論 祐宗省三・原野広太郎・柏木恵子・春木 豊（編） 社会的学習理論の新展開 金子書房 Pp.35-45.

人名索引

●A
Abramson, L. Y.　32-36

●B
Bandura, A.　21, 22, 138
Beck, A. T.　30
Bjork, J. M.　54, 55
Blos, P.　115

●D
Damasio, A. R.　47, 51
deCharms, R.　23, 24
Deci, E. L.　4, 23, 24
Duval, S.　39
Dweck, C. S.　26, 27

●E
Erikson, E. H.　79, 82, 83, 126

●F
深谷昌志　5

●G
後藤宗理　77

●H
Harlow, H. F.　7
波多野誼余夫　4, 8

●I
稲垣佳世子　4, 8
稲村　博　9, 11

●K
亀谷秀樹　49, 53
鎌原雅彦　43

狩野力八郎　125
笠原　嘉　10, 11, 93, 117, 120
笠井孝久　30, 61
河合隼雄　81
Kohut, H.　11
Kroger, J.　83

●L
Lepper, M. R.　4

●M
Marcia, J. E.　82
Maslach, C.　30
松原治郎　88
松原達哉　69, 136
文部科学省　75
無藤清子　82

●N
Nicholls, J. G.　26
日本労働研究機構　78, 81
日本青少年研究所　11
Nissen, H. W.　6

●O
小田　晋　60, 73, 74
Olds, J.　48

●R
Rotter, J. B.　18, 21

●S
佐治守夫　117
坂本真士（Sakamoto, S.）　39, 40, 43
Seligman, M. E. P.　16, 17, 21, 24, 31, 32
下村英雄　75, 76
下山晴彦　30, 95
菅野泰蔵　123

Sullivan, H. S.　　78, 79, 115

● T
鉄島清毅　　30
土川隆史　　93, 117

● W
Walters, P. A.　　72, 93, 119

Wicklund, R. A.　　39

● Y
山田和夫　　93
山田昌弘　　88
山地弘起　　10

事項索引

●あ
アイデンティティ　12, 72, 79, 80, 83, 87, 99, 113, 115, 116, 118, 120, 124, 126
アクティングアウト　83, 119
アパシー・シンドローム　94
アパシー性パーソナリティ障害　95, 97
アンフェタミン　48, 52
アンヘドニア　20, 53, 66

●う
ウェルビーイング　58
うつ病　12, 13, 50-52

●え
エアー・スニッフィング　48
SSRI　53
エンパワーメント　29

●か
改訂LH理論　32-34, 36, 38, 43
改訂学習性無力感理論　32
海馬　47
カウンセリング　13, 92, 123, 124, 135
学習性無力感　4, 16, 17, 27, 32, 33, 35, 52
学習目標　27
学生相談　89, 99, 129, 135, 136
課題関与　26
管理された予期的社会化　88

●き
帰属スタイル　37, 38

希望格差社会　88

●く
クリューバー・ビューシー症候群　50

●け
結果期待　21
原因帰属　33, 34, 36-38, 43

●こ
抗うつ薬　13, 53
高学歴社会　87
効力期待　21
五月病　127
コントロール感　19, 20
コントロール不能　17, 33-35, 36

●さ
サラリーマン・アパシー　73
三無主義　2, 72, 88

●し
自我関与　26
自己愛　15
自己決定感　24, 25
自己効力　21, 22, 138
自己注目　39-41
視床下部　47
社会神経科学　57
職業選択　138
神経症　92, 128
心的外傷ストレス障害（PTSD）　50-52, 92
進路意識　77
進路決定自己効力　138
進路選択　69

●す
遂行目標　27

事項索引

スクールカウンセラー　71
スチューデント・アパシー　2, 11, 20, 66, 72, 74, 83, 89, 90, 92, 95, 97, 117, 119-121, 130, 133, 134, 136
ストレス　13, 22, 55-57, 128

●せ

精神盲　50
青年期の遷延　96
絶望感　36, 38
セルフ・ハンディキャッピング　20, 26
セロトニン・ニューロン　49, 53
先天的無気力ラット　52
前頭前野　47, 51, 52

●そ

早期完了型　82
創造的な退行　81
ソーシャル・サポート　29
側座核　48-50, 54

●た

第二次性徴　115

●ち

チャム　78

●と

動機づけ　16, 18, 44, 45
動機づけ回路　45, 46, 48-50, 53, 55
動機づけ賦活システム　52
動機づけ抑制システム　53
統合失調症　91
ドーパミン　48, 52, 54
ドーパミン系　56
ドーパミン・ニューロン　48, 49, 52-54

●な

内的－外的信念統制　18, 19, 21, 23
内発的動機づけ　4, 24

●に

ニート　9, 96, 97
認知行動療法　42

●は

パーキンソン病　52

●ひ

ひきこもり　9, 60, 73, 81, 96, 97
非行少年　73, 74
非動機づけ　24

●ふ

フェアニアス・ゲージ　51
不機嫌な時代　53
副業専念　92
不登校　9, 60, 63-67, 71, 73, 89
フリーター　9, 74-79, 81, 96, 97, 120

●へ

ベック抑うつ質問票　30
扁桃体　46, 47, 50, 51, 54

●ほ

縫線核セロトニン・ニューロン　50

●む

無力感抑うつ　35

●も

モラトリアム　79-81, 91, 97

●よ

抑うつ　32, 35, 39-41
抑うつの素因－ストレス・モデル　36-38

事項索引

欲求不満攻撃仮説　85
予定アイデンティティ　82

●ら
ライフイベント　36, 37

●り
留年　87, 88

●ろ
ローカス・オブ・コントロール　18

●わ
ワーキング・メモリー　47

【執筆者一覧】

大芦　治	編者		1-1, 付章
鎌原　雅彦	編者		1-2, 付章
坂本　真士	日本大学		1-3
亀谷　秀樹	埼玉工業大学		1-4
笠井　孝久	千葉大学		2-1, 3-1
鉄島　清毅	前橋少年鑑別所		2-2, 3-2
齋藤　憲司	東京工業大学		2-3, 3-3

■コラム

小塩　真司	早稲田大学	コラム 1
川原　誠司	宇都宮大学	コラム 2
友田　貴子	埼玉工業大学	コラム 3
荒木友希子	金沢大学	コラム 4
角野　善司	高崎健康福祉大学	コラム 5
伊藤嘉奈子	鎌倉女子大学	コラム 6
竹綱誠一郎	学習院大学	コラム 7
田中　純夫	順天堂大学	コラム 8
山田　敏久	千葉大学	コラム 9
冨重　健一	聖心女子大学（非常勤）	コラム 10
宮下　一博	千葉大学	コラム 11
冨安　浩樹	福岡教育大学	コラム 12

【編者紹介】

大芦　治（おおあし・おさむ）

　　現　在　千葉大学教育学部准教授

　主著・論文

　　動機づけ研究の最前線（共著）　北大路書房　2004 年
　　達成動機の理論と展開―続・達成動機の心理学―（共著）　金子書
　　　房　1995 年

鎌原雅彦（かんばら・まさひこ）

　　現　在　千葉大学教育学部教授

　主著・論文

　　セルフ・エフィカシーの臨床心理学（共著）　北大路書房　2002 年
　　心理学マニュアル 質問紙法（共編）　北大路書房　1998 年
　　達成動機の理論と展開―続・達成動機の心理学―（共著）　金子書
　　　房　1995 年

シリーズ 荒れる青少年の心	
無気力な青少年の心	―無力感の心理― 発達臨床心理学的考察

2005年9月20日　初版第1刷発行	定価はカバーに表示
2012年6月20日　初版第2刷発行	してあります。

編著者　　大　芦　　　治
　　　　　鎌　原　雅　彦
発行所　　㈱北大路書房
　　　　　〒603-8303　京都市北区紫野十二坊町12-8
　　　　　電　話　(075) 431-0361 ㈹
　　　　　Ｆ Ａ Ｘ　(075) 431-9393
　　　　　振　替　01050-4-2083

©2005　　制作 / T. M. H.　　印刷・製本 / 亜細亜印刷㈱
検印省略　　落丁・乱丁本はお取り替えいたします

ISBN978-4-7628-2467-8　Printed in Japan